Ulrich Duprée
Andrea Bruchacova

Das Wunder der Vergebung

Ho'oponopono –

Das hawaiianische Ritual
für inneren Frieden

kailash

Die in diesem Buch vorliegenden Informationen dienen der persönlichen und zwischenmenschlichen Konfliktlösung im Sinne einer Familientherapie nach Mary Kawena Pukui und der Hilfe zur Selbsthilfe nach Morrnah Simeona durch konstruktive Selbstbetrachtung. Sollten Sie an einer körperlichen oder psychischen Krankheit leiden, bitten wir Sie diese Hinweise nur in Verbindung mit einer kompetenten und professionellen ärztlichen oder heilpraktischen Hilfe zu nutzen. Weder die Autoren noch der Verlag können für die Art der Nutzung Verantwortung übernehmen. Bitte übernehmen Sie Eigenverantwortung für Ihr Handeln und persönliches Wohlergehen.

Bildnachweis: Corbis Images, Düsseldorf: 10, 19, 82, 87, 88, 92, 120, 195 (VadiCo/Veer), 12, 35 (Sprint); fotolia, New York: 36-37, 54-55 (ChaotiC-PhotographY), 72 (Ulrike Akliros); Plainpicture, Hamburg: 56-67 (Michele Constanini/Zenshui), 112-113, 204-205 (Tetsuya Tanooka/Score by Aflo), 150-151, 203 (Ulf Simonsson/Mira)

Dieses Buch ist auch als E-Book erhältlich.

MIX
Papier aus verantwortungsvollen Quellen
FSC® C084279
FSC www.fsc.org

Penguin Random House Verlagsgruppe FSC® N001967

6. Auflage
Originalausgabe

in der Penguin Random House Verlagsgruppe GmbH,
Neumarkter Str. 28, 81673 München
Lektorat: Daniela Weise
Umschlaggestaltung: WEISS WERKSTATT, München
Covermotiv: © Shutterstock Images
Innenlayout: ki 36, Sabine Krohberger Editorial Design, München
Bildredaktion: Dietlinde Orendi
Satz: Satzwerk Huber, Germering
Druck und Bindung: Print Consult, München
Printed in Czech Republic
ISBN 978-3-424-63074-9
www.kailash-verlag.de

Inhalt

Praktische Anwendung: In vier Schritten zur Lösung

Vier wundersame Sätze

Das Wunder der Vergebung

Das Ziel von Ho'oponopono

Anhang

Das Licht in uns

Einst rief die mächtige Sonne: »Wer wird leuchten?«
Niemand meldete sich. Es herrschte Stille.
»Wer wird leuchten? Ich werde gehen und wer wird leuchten?«, fragte die große Sonne eindringlich. Alle fürchteten sich, und niemand wagte es, ein Wort zu sagen. Da rief Vater Sonne ein drittes Mal: »Wer wird die Nacht erhellen, wenn ich nicht da bin?«
»Ich – ich werde es tun.« Alle blickten auf. Wer hatte da gesprochen?
Die große Sonne fragte: »Wer bist du?«
Und die Stimme antwortete: »Ich bin eine Kerze.«
»Wie lange und wo wirst du leuchten?«, fragte Vater Sonne interessiert.
Da fasste die Kerze Mut und sprach: »Ich werde genau für eine Nacht brennen und einen ganzen Raum erhellen.«
Da rief die mächtige Sonne: »Sehr gut, jetzt kann ich gehen und morgen komme ich wieder.« Und das ganze Universum hörte es.

In uns allen brennt ein Licht, und in vielen mag sogar ein Feuer lodern. Um unser inneres Licht hell und klar erstrahlen zu lassen, müssen wir – wie auf dem Pfad zur Erleuchtung – einen Weg der Reinigung gehen. Genauso wie eine Bienenwachskerze sanft duftet und ruhig brennt, wenn das Wachs sehr rein ist, so leuchten auch Menschen, die innerlich gereinigt und voller Unschuld sind. Doch genauso wie eine Kerze manchmal rußt, so rußen auch wir, wenn unser Herz voller Zweifel, Sorgen, Enttäuschung, Groll, Klagen oder Kritik ist. Stellen Sie sich einen Menschen vor, dessen Herz voller Schuldgefühle oder auch voller Wut ist. Wird seine Beziehung erblühen und ist er eine Quelle des Glücks? Denken Sie nun an einen Geschäftsmann, dessen Herz voller Misstrauen ist. Möchten Sie mit ihm zusammenarbeiten? Und wie sieht ein Land aus, wo die Menschen nicht loslassen und die Wunden der Vergangenheit nicht heilen können? Ist es eher ein Ort der Freude oder mehr ein Ort der Trauer?

Rückblickend wissen wir alle, dass destruktive Gedanken und Gefühle wie zum Beispiel Selbstanklagen und Minderwertigkeitsempfinden, Zorn und der Wunsch nach Vergeltung ein Leben nicht besser, sondern das Herz nur schwer und düster gemacht haben. Fragen Sie eine Sterbebegleiterin. Doch wie lösen wir uns von Schuldgefühlen, den Gedanken an die negativen Ereignisse der Vergangenheit und von unserer Unfähigkeit, uns selbst und anderen zu vergeben?

Mai nana 'ino 'ino na
hewa o kanaka aka e huikala a ma 'ema 'e no.
Betrachte nicht mit Missgunst die Sünden
eines Menschen, sondern vergib
und reinige.

KÖNIGIN LILI'UOKALANI (1838–1917)

Gerade in dieser Zeit gibt es viele Wege und Möglichkeiten, um unsere inneren Konflikte zu lösen und unsere Herzen zu heilen, angefangen von den klassischen Therapien wie der Psychoanalyse und der Gestalttherapie über Alternativen wie das Familien- und das Systemische Stellen bis zur Klopfakupressur EFT oder der Neurostrukturellen Integrations-Technik. Ayurvedische Pancha-Karma-Kuren, Schwitzhütten-Rituale nordamerikanischer Ureinwohner und Lomi Lomi, mehrere Stunden dauernde hawaiianische Massagen, sind jahrhundertealte bewährte Methoden zur Gesundung von Körper, Geist und Seele.
In diesem Buch möchten wir Ihnen eine ganz besondere Methode vorstellen: Ho'oponopono. Sie kommt aus Hawaii und dient

dem Klären und Lösen sowohl von ganz persönlichen Problemen als auch von zwischenmenschlichen Konflikten. Verantwortung, Vergebung und Liebe sind dabei die drei zentralen Begriffe. Manche Menschen nennen Ho'oponopono einen Turbo für die persönliche Entwicklung, andere sprechen von therapeutischen Sieben-Meilen-Stiefeln, und die amerikanische Ärztin Dr. E. W. Haertig († 1972) beschrieb es 1970 in dem Buch »Nana I Ke Kumu« (hawaiianisch: »Schau zur Quelle«) als die wohl wirkungsvollste Konfliktlösungsmethode, die je in einer Kultur erfunden wurde.

Wir laden Sie ein, sich hier und jetzt mit uns auf diese Reise nach innen zu begeben und dieses Abenteuer zu erleben, und danken Ihnen für das Vertrauen, das Sie uns entgegenbringen. Während unseres gemeinsamen Weges werden Sie einiges über sich selbst und auch über uns erfahren, manche Herausforderung meistern und auch so manches Problem lösen. Auf unserer gemeinsamen Expedition in die verborgenen Bereiche des Lebens ist es stürmisch. Leichtes Gepäck ist deshalb von Vorteil. Wir werden uns also auf den nächsten Seiten von mentalem und emotionalem Ballast befreien. Willkommen an Bord und Leinen los!

Wir sagen Aloha,
Ihre Andrea Bruchacova und Ihr Ulrich Duprée

Einleitung

Ho'oponopono für Schnelleinsteiger

Vergebung ist praktisch, Liebe ist praktisch und Ho'oponopono ist auch praktisch. Ähnlich wie beim Autofahren lernt man die Theorie aus einem Buch, aber dann nimmt man Fahrstunden, und obwohl man noch gar nicht viel weiß, geht es schon ein paar Mal um den Block. Damit Sie also sofort beginnen können, werden Sie gleich eine Geschichte lesen, die das ganze Prinzip von Ho'oponopono zusammenfasst. Wir werden uns immer wieder darauf beziehen. Prägen Sie sich die Geschichte deshalb gut ein. Danke.

Zwei Dinge können nicht gleichzeitig denselben Raum einnehmen

In einer alten Geschichte der Ureinwohner von Hawaii wird erzählt, wie jeder Mensch einer Trinkschale glich. In dieser Schale brannte ein wundervolles, sanftes Licht: die Flamme der Liebe – Aloha. Mit und durch diese Liebe war alles möglich.

Jedes Mal, wenn jemand zum Beispiel ärgerlich oder neidisch wurde, war es so, als legte er einen kleinen Stein in seine Schale. Dieser Stein verdrängte das Licht, und es wurde dunkler, denn zwei Dinge können nicht zur gleichen Zeit denselben Raum einnehmen. Wenn man nun einen oder mehrere Steine in seiner Schale hatte, drehte man sie einfach um, und sofort fiel der Stein heraus. Das innere Licht der Liebe, das Licht von Aloha, brannte dann wieder hell, sanft und strahlend wie zuvor.

Ho'oponopono ist eine Technik, unsere Schale einfach umzudrehen. Diese klare und enorm wirkungsvolle Methode der Konfliktlösung durch Verantwortung, Vergebung und Liebe stellt die Dinge erst mal auf den Kopf und dann wieder richtig. Dazu bedarf es der Selbstannahme.

Eine Kurzanleitung

Immer wenn Sie etwas stört bzw. ärgert oder Sie allgemein mit etwas unzufrieden sind, sagen Sie in Gedanken: »Es tut mir leid. Ich verzeihe dir und ich verzeihe mir. Ich liebe dich und ich liebe mich. Danke. Danke für die Heilung. Danke für die Transformation.« Treten Sie dann aus der Situation heraus, beobachten Sie bewusst Ihr Denken und Ihre Gefühle und nehmen Sie wahr, was sich verändert.

Ein Beispiel: Der Nachbar hat seinen Hausmüll schon wieder in der Wertstofftonne entleert. Sie sind sauer auf ihn. Sie ärgern sich. Vielleicht klingeln Sie bei ihm und sind dann froh, dass er nicht zu Hause ist, weil Sie sich gegen ihn machtlos fühlen. Spüren Sie einfach mal in diese Situation hinein.

Sagen Sie jetzt bewusst: »Es tut mir leid.« (Es gibt vielleicht Situationen, da auch ich meinen Müll an einem falschen Ort ablege. Das betrifft vor allem meinen geistigen Müll, den ich nicht zu trennen vermag. Damit mache ich andere Menschen und mich selbst ärgerlich.)
Nehmen Sie einen Atemzug und sagen Sie: »Ich verzeihe dir und ich verzeihe mir.« (Ich gehe mit den Fehlern anderer genauso um wie mit meinen eigenen.)
Nehmen Sie einen Atemzug und sagen Sie: »Ich liebe dich und ich liebe mich.« (Alles hat zwei Seiten. Ich bin ein liebenswerter Mensch, und es gibt sicher Menschen, die auch meinen Nachbar mögen.)
Nehmen Sie einen Atemzug und sagen Sie: »Danke. Danke für die Heilung. Danke für die Transformation.« (Danke für die Erkenntnis, dass es um meinen inneren Müll geht. Danke für die Heilung. Danke, Herr Nachbar, dass du mir zeigst, was mein Thema ist.)
Denken wir in Liebe, vergrößern wir das Glück dieser Welt. Denken wir mit Ablehnung und Ärger, dann vergrößern wir das Leid dieser Welt, denn: Zwei Dinge können sich nicht zur selben Zeit am selben Ort befinden.
Anerkennen Sie den destruktiven Teil in sich und sagen Sie: »Es tut mir leid.« Umarmen Sie diesen destruktiven Teil in sich und sagen Sie: »Ich liebe dich.« Verzeihen Sie diesem destruktiven Teil in sich und sagen Sie: »Ich verzeihe dir.« Übergeben Sie jetzt bitte das Problem Gott und den Engeln und sagen Sie: »Danke für das Wunder.«

»Es tut mir leid. Ich verzeihe dir und ich verzeihe mir. Ich liebe dich und ich liebe mich. Danke. Danke für das Wunder.«

Die Übersetzung und Bedeutung des Wortes

Dieses lustige Wort – Hopo-was? – besteht aus den drei Teilen Ho'o-pono-pono und heißt übersetzt »die Dinge wieder richtigstellen«. Es bedeutet zum Beispiel, wieder in die Harmonie zu treten, in die Mitte und zu sich selbst zu kommen, sich selbst zu erfahren, die Familie zusammenzubringen und wieder mit der Natur im Einklang zu leben. Ho'o bedeutet »machen, etwas auf den Weg bringen, verursachen und tun«, und pono bedeutet »richtig, gerade, biegsam und flexibel«. Ho'opono heißt also »richtig machen« und Ho'oponopono bedeutet »etwas richtig-richtig machen«. Gut, jedes Lebewesen versucht das, was es tut, richtig zu machen, nicht wahr?! Sie und ich, wir alle versuchen das. Aber ist nun richtig auch richtig-richtig? Was ist denn richtig-richtig überhaupt?

Die kleine Müllkippe am Wegesrand

Wir fuhren zu einem Vortrag nach München. Irgendwo auf einem Rastplatz machten wir Halt. Als ich die Fahrertür öffnete, guckte ich direkt auf einen fein säuberlich entleerten Aschenbecher am Boden. Jemand hat seinen Müll einfach in den Wald geschüttet, dachte es in mir. Halt! Ich hielt inne. Auch dieser Mensch wollte etwas richtig machen. Was wollte dieser Mensch, der seine Kippen einfach rauswarf, erreichen? Genau, er wollte ein sauberes Auto. Wie dumm, mögen wir vielleicht denken, doch wie oft haben wir Pinsel ausgewaschen, ohne an die Fische zu denken? Wir wollten einen sauberen Pinsel. Wie oft haben wir ein Billig-T-Shirt gekauft, obwohl wir wissen, dass indische Baumwollbauern auf Grund der hohen Pestizidbelastung durchschnittlich nicht älter als vierzig Jahre werden? Wir wollten Geld sparen und haben diese unangenehme Information ausgeblendet. Wie oft wird Fleisch konsumiert und zum Schreien der Lämmer geschwiegen? Wie oft haben wir den kürzeren Weg gewählt und nicht den richtigen? Unzählige Male. Jeder, der seine Mitarbeiter ausspioniert (man ist unsicher und erhofft sich so mehr Sicherheit), seine Kinder anschreit (damit sie endlich ruhig sind), Müll im Meer versenkt (es ist so groß, da fällt der Abfall nicht weiter auf), jeder, der Giftfässer vergräbt, im Glauben, seine Enkel würden über eine Technologie verfügen und das schon bewältigen (da hat jemand viel Vertrauen in die Zukunft), jeder, der nörgelt, bestraft, Kinder in den Krieg schickt, der Palmöl- und Tropenholzprodukte kauft und schließlich das hundertvierundfünfzigste Shampoo einem Kaninchen in die Augen träufelt, um seine Verträglichkeit zu testen, glaubt, das Richtige zu tun. Ein Wissenschaftler, der im Labor das neueste Gemüse entwickelt (schön schnittfest mit Lachsgenen), damit seine Mutter, eine passionierte Kleingärtnerin, endlich stolz auf ihn ist, genauso wie jener, welcher Vernichtungswaffen entwickelt, damit sein Vater, ein ehemaliger Kammerjäger, endlich stolz auf ihn ist, glaubt, das Richtige zu tun. Jeder glaubt, das Richtige zu tun. Wir handeln von dort aus, wo wir gerade stehen, und erkennen oft erst im Nachhinein, dass es vielleicht nicht richtig war, weil es zu Leid führte. Wer also ohne Sünde ist, der werfe den ersten Stein.

*Wie jeder in seinem Innern ist,
so ist sein Urteil über äußere Dinge.*

THOMAS A KEMPIS
(MÖNCH UND MYSTIKER, 1380–1471)

Aber gibt es überhaupt eine Möglichkeit, Leid zu vermeiden, und kann ich mich von meiner Schuld oder Mitschuld – meinen Anteilen an der Problematik – befreien? Was sind die Beweggründe hinter all dem Handeln, das in der Kette aufeinanderfolgender Reaktionen irgendwo zu Schwierigkeiten führt? Was, wenn es eine Methode gäbe, mit der wir die Dinge einfach wieder geradebiegen können, ein Unternehmen wieder auf Kurs bringen, ein friedliches Weihnachtsfest ohne Streit erleben, endlich Ruhe im Büro haben, Gewicht verlieren und eine harmonische Partnerschaft genießen können? Wie wäre es, eine Methode zu erlernen, mit der wir uns selbst und unsere Beziehungen heilen können?!

Das Heilen von Beziehungen

Der amerikanische Therapeut Dr. Chuck Spezzano erklärt, dass jedes Problem in dieser Welt ein Beziehungsproblem sei. Wie wahr. Alles in diesem Universum steht zueinander in Beziehung, und mit Ho'oponopono wollen wir sämtliche Beziehungen heilen: zu uns selbst, zu den Menschen, den Tieren und Pflanzen, zur Natur und zur Urquelle. Zunächst suchen wir unser Verhältnis zu uns selbst wieder in Ordnung zu bringen, dann die Beziehung zu unseren Eltern und Kindern und zu unserer Familie. Ohne mit uns selbst im Reinen zu sein, können wir keine wirklich freundschaftlichen oder gar liebevollen Beziehungen zu anderen Menschen aufbauen – man bleibt an der Oberfläche. Hier beginnt unsere Reise, und im nächsten Schritt können wir dann unser Verhältnis zur Natur, zu den Tieren und Pflanzen, den Elementen, den Flüssen, den Bergen, der Luft und dem Feuer erneuern. Wir heilen unsere freundschaftliche Verbindung zu allem Sein im Universum, indem wir uns und

alles annehmen. Wir gehen von der Trennung in die Einheit und werden eins mit uns und allem Sein. Wir werden vollständig, und so, wie wir uns ändern, ändert sich die Welt.
Manchmal glauben wir, wir seien isoliert, wie abgeschnitten von uns selbst und von anderen, von der Quelle des Lebens. Wir fühlen uns dann verlassen, hilflos, nicht gesehen oder nicht gehört, nicht wahrgenommen, nicht anerkannt oder nicht respektiert, und vor allem fühlen wir uns einsam und alleingelassen. Vielleicht haben wir Mauern um uns errichtet, um nicht mehr verletzt zu werden. Einfach aus Unsicherheit oder um einen alten Schmerz nicht mehr zu spüren, grenzen wir uns ab und andere aus. Doch immer ist es die Liebe und die Vergebung – so zeigt die Erfahrung –, die uns wieder näher zueinanderrücken lässt. Alle Beziehungen können nur durch Liebe, Verzeihen, Mitgefühl und Dankbarkeit heil werden, nicht durch Widerstand und Vergeltung, auch jene, die wir vielleicht schon vergessen haben: unsere Beziehung zu unseren Vorfahren und zur Quelle – zu Gott.

Der Ursprung aller Beziehungen

Genauso wie wir eine leibliche Mutter und eine weibliche Ahnenreihe haben (über unsere Mutter zur Großmutter, von ihr zur Urgroßmutter usw. in der Zeit zurück), so haben wir auch eine kosmische Mutter. Unser Körper wurde von unserer leiblichen Mutter geboren, und die Körper aller Lebewesen (außer den nicht irdischen) stammen aus dem planetaren Körper von Mutter Erde. Selbstverständlich hat wie jede Mutter auch Mutter Erde einen Namen, und so rufen die Kinder in den Anden Pachamama, in Indien Bhumi, in Europa riefen wir Gaia oder Brighid, und auf Hawaii sagt man Papa zur göttlichen Mutter.

Genauso wie dieser Planet unsere kosmische Mutter ist, so hat jedes Lebewesen auch einen kosmischen Vater. Manche seiner Namen sind geheim, andere sind wohlbekannt: Jehova, Allah, Buddha, Krishna, Kitchi-Manitu – es gibt viele Namen für ein einziges höchstes Wesen. In der hawaiianischen Tradition heißt der Schöpfergott Ke Akua, und hinter der gesamten kosmischen Manifestation, der Sonne, den Sternen und allem, was ist, steht Ke Akua oi'a'io: Gott, wie er ist, die Absolute Wahrheit. Diese Absolute Wahrheit ist die Einheit,– ähnlich wie das Dao bringt es erst das männliche und das weibliche Prinzip hervor. Jede weitere Wahrheit (pono = richtig, flexibel) leitet sich von der Absoluten Wahrheit (oi'a'io) ab.

Im Ho'oponopono heilen wir das Verhältnis zu unseren Eltern im Kleinen wie im Großen, innen wie außen, oben wie unten. Indem wir das Verhältnis zu unseren leiblichen Eltern, selbst wenn diese schon gestorben sind, zu unseren Vorfahren, zu unseren Wurzeln und zum Ursprung heilen, werden wir selbst wieder vollständig, und alles, was ist, wird eins – das ist das Geheimnis der Heiligen und der Meister.

Claudia kommt in ihre Kraft

Als wir Claudia kennenlernten, hatte sie eine leise Stimme und wurde im Betrieb oft übersehen. Sie berichtete uns, wie sehr sie als Kind unter ihrer cholerischen Mutter gelitten hatte, die sie immer angeschrien hatte. Mit sechs Jahren hatte Claudia beschlossen, nie so zu werden wie ihre Mutter. Umso entsetzter war sie, als sie eines Tages auf ihren Sohn losging und ihm eine Ohrfeige gab. Sie erarbeitete die Problematik mit uns, und nachdem Claudia gelernt hatte, ihrer Mutter vollständig zu vergeben, kam sie auch Schritt für Schritt in ihre Kraft. Es gab keinen Grund mehr, ihre Stärke zu unterdrücken oder zu verstecken. Sie lernte nach und nach, zu ihren Bedürfnissen zu stehen und diese auch zu artikulieren. Ihr Auftreten wurde selbstbewusst und ihre Stimme klar. Sie wurde jetzt von ihren Kolleginnen und Kollegen wahrgenommen und natürlich auch von ihrem Sohn – ohne schreien zu müssen.

Heilung bedeutet, vollständig zu sein, doch wie können wir körperlich und seelisch gesund sein, wenn wir Teile in uns oder unserer Ahnenreihe ablehnen? Claudia lehnte ihre cholerische Mutter ab und hatte dadurch den Zugang zu den verborgenen Geschenken – wie beispielsweise Präsenz zu zeigen – verloren. Wir werden heil, wenn wir alles in uns ganz und gar angenommen haben und keinen Teil in uns oder unserer Herkunftsfamilie mehr ablehnen oder gar hassen. Genauso wenig wie unsere Eltern uns ändern können, so wenig können wir unsere Eltern ändern. Warum sich also darüber aufregen und Energie verlieren?

Wir können uns aussuchen, was wir erben und was wir weitergeben wollen: das Gute oder das Destruktive. Die Heilung vieler Generationen vor und nach uns wird möglich, wenn wir unseren Eltern und Ahnen selbst unliebsame Gewohnheiten, Charakterzüge, Denkweisen und Handlungen vergeben.

Eine faszinierende Methode

Sie wissen nun, dass Ho'oponopono ein einfacher, schrittweiser Prozess zum Klären und Lösen von Problemen und zwischenmenschlichen Konflikten aller Art ist, in dessen Zentrum die Vergebung steht. Ho'oponopono kann in den verschiedensten Bereichen eingesetzt werden: als therapeutisches Werkzeug in der Sozialarbeit, in der Familien- und Erziehungsberatung, als Hilfe zur Selbsthilfe und zur Aktivierung der Selbstheilungskräfte. Übrigens schrieb der Verlag für die Deutsche Wirtschaft 2011 in einer Pressemitteilung, dass sich Vergebung günstig auf den Krankenstand in Betrieben auswirke! Und selbst auf diplomatischer Ebene betrachtet man Vergebung als hoffnungsvolle Möglichkeit zur Verbesserung nationaler Beziehungen und der Völkerverständigung.

Bekannt wurde Ho'oponopono im Westen vor allem durch die Geschichte des hawaiianischen Arztes Dr. Ihaleakala Hew Len, der mehrere psychisch kranke Strafgefangene heilte, ohne persönlichen Kontakt mit ihnen gehabt zu haben. Auf diese faszinierende Geschichte gehen wir noch ein (Seite 68), um den besonderen therapeutischen Ansatz der Selbstvergebung zu zeigen.

Das Klären von Konflikten

Klären bedeutet, dass etwas klar wird. Vorher war eine Angelegenheit vielleicht trübe, nur vage erkennbar, vielleicht undurchsichtig, und jetzt sehen wir klar und erkennen, woran wir sind. Wir werden uns bewusst, was zum Problem führte, warum die Dinge so sind, wie sie scheinen, und klären die Missverständnisse und das Fehlverhalten auf. Dazu gibt es im Ho'oponopono immer eine intensive Findungsphase. Unsere Gedanken und Emotionen wirken wie Magneten, und das, worauf wir unsere Aufmerksamkeit lenken, wächst. So erkennen wir im Außen, was wir zum Beispiel erwarteten, wovor wir Angst hatten und was unsere wirkliche Motivation war. Das heißt, wir erfahren etwas über uns.

Unser ursprüngliches Bewusstsein ist rein wie klares Wasser, und Vergebung kann unser Denken wieder klären. So wie Quellwasser sprudeln wir alle ins Leben, und im Laufe des Lebens, vielleicht sogar im Laufe vieler Leben, geschehen dann Dinge, die tiefe Eindrücke hinterlassen und unser klares und reines Bewusstsein verschmutzen. Vielleicht wird unsere sprudelnde Identität bedeckt von Zweifeln, Unsicherheit, Trauer, Enttäuschungen und Ängsten. Genauso trüben Zorn, Groll, Kritiksucht und Selbstvorwürfe unsere wahre Natur.

Niemand, der voller Frustration, Jammern und Klagen ist, kann behaupten, er denke klar. Man kann sogar sehen, wie destruktive Gedanken und Programme Menschen zu immer mehr Unfreiheit führen. Aus verletzenden Gedanken werden irgendwann verletzende Worte und Taten, die man später bereut. Wir werden das, was wir beständig denken. Jemand, der immer an Diebstahl denkt, wird irgendwann stehlen, jemand, der nur zweifelt, kommt nirgends an, und jemand, der immer an die Liebe denkt, wird ein Werkzeug der Liebe. Vergebung ist, als putzten Sie eine Brille. Vorher sah man nur Streit und Trübsal, und nach der Versöhnung blickt man auf ein Ziel, Glück und vielleicht sogar einen neuen Freund.

Ihre Ho'oponopono-Übung

Bitte stellen Sie jetzt ein Glas Wasser vor sich auf den Tisch. Werfen Sie gedanklich und mit bekräftigenden Handbewegungen all Ihre Minderwertigkeitsgefühle und Ihre Trauer in das Glas. Geben Sie nun all Ihre Zweifel, Ihren Neid – das, was Sie anderen nicht gönnen können – und Ihren Groll dazu. Schütten Sie all Ihre Kritik und schlechten Wünsche hinein. Würzen Sie das Ganze mit Ihren Schuldgefühlen und Selbstvorwürfen. Dann bitte umrühren.

Möchten Sie dieses Wasser trinken? Würden Sie es jemandem anbieten? Möchten Sie einen ähnlichen Mental-Mix,

vielleicht den Ihres Nachbarn, Arztes, Pizzabäckers oder Ihrer Kollegen, trinken? Nein?
Verständlich, denn dieser Cocktail eines vergifteten Geistes ist toxisch für jeden Menschen.
Bitte vergegenwärtigen Sie sich, dass Ihr Körper zu großen Teilen aus Wasser besteht. Was Sie ins Glas projizierten, ist noch in Ihnen! Wir wissen heute, welch hervorragenden Informationsspeicher Wasser darstellt, und man spricht von dem »Gedächtnis des Wassers«. Der japanische Forscher Dr. Masaru Emoto hat mit seinen Fotografien gezeigt, wie sich Wasser unter dem Einfluss von Gedanken verändert: Gedanken der Liebe, der Dankbarkeit, Freude und Vergebung erzeugen harmonische und ästhetische Wasserkristalle, während destruktive Gedanken und Emotionen das Wasser denaturieren und geradezu verkleben. Der Autor Eckhart Tolle bemerkt in diesem Zusammenhang so treffend, dass die Verschmutzung im Außen das direkte Resultat unserer Verschmutzung im Inneren sei. Ja, wie könnte es sonst Kriege und Umweltverschmutzung geben, wenn die Menschen alle rein im Herzen und im Kopf wären?!
Bitte heilen Sie jetzt das Wasser auf Ihrem Tisch und stellen Sie wieder eine harmonische Beziehung her, indem Sie direkt zu dem Wasser sagen: »Geliebtes Wasser, ich liebe dich. Geliebtes Wasser, es tut mir leid. Geliebtes Wasser, bitte verzeihe mir. Geliebtes Wasser, ich danke dir.«

Alles Leben kommt aus dem Wasser

Peter berichtet: »Wir waren zehn Personen mit Ulrich und Andrea in einer kleinen Hütte in den Bergen. Eines Tages gab es kein Wasser mehr aus der Leitung. Wir riefen den Verwalter an, und ein Techniker kam. Er konnte den Fehler nirgends finden, und auch das Reservoir des höher gelegenen Ortes war leer. Eine gute Gelegenheit für ein Ho'oponopono, und wir wanderten zum nächsten Wasserfall. Dort setzten wir uns hin und baten um innere Führung. Dann entschuldigten wir uns beim Wasser, und jeder der Anwesenden berichtete, was er dem Wasser schon alles angetan hatte. Jeder von uns hatte es schon verschwendet, verschmutzt, nicht respektiert und für selbstverständlich genommen. Wir blickten in unsere Herzen und baten den Wasserfall als Repräsentanten demütig um Vergebung. Wir machten viele Ho'oponoponos, zum Beispiel: ›Es tut mir leid, dass ich schon so viel Wasser verschwendet habe. Bitte verzeihe mir. Ich verzeihe mir. Ich liebe dich und ich liebe mich. Danke.‹ Oder: ›Es tut mir leid, dass ich unachtsam Produkte kaufe, deren Herstellung Tausende von Litern Wasser verbraucht. Bitte verzeihe mir. Ich verzeihe mir. Ich liebe dich und ich liebe mich. Danke.‹ Oder: ›Es tut mir leid, dass ich noch Fleisch gegessen habe, während ich wusste, dass ein Kilogramm Fleisch Tausende Liter Wasser kostet und die Böden mit Blut tränkt. Ich bitte alle um Vergebung für meinen Egoismus. Ich verzeihe mir das jetzt. Ich liebe mich mit all meinen Schwächen und Stärken. Danke für die Erkenntnis. Danke für die Heilung.‹

Wir saßen etwa eine Stunde dort und erlebten etwas sehr Persönliches, als wir mit dem Wasser sprachen. Wir kamen zurück in die Hütte, und es gab wieder Wasser. Ja, der Wasserdruck war so hoch wie nie zuvor. Jeder von uns betrachtete jetzt das Wasser mit großer Achtsamkeit, duschte schneller, benutzte den Spülstopp und so weiter. Wir nahmen im Herzen Verbindung zu jenen auf, die Wasser dringend benötigten.«

Ho'oponopono basiert darauf, dass alles durch eine Kraft (hawaiianisch Mana Aloha, die Kraft der Liebe) miteinander verbunden ist. Alles und jeder ist mit allem verbunden, und das Leben strebt nach Ausgleich und Harmonie. Eine Trennung von der Liebe führt zu Dissonanz, und diese Störung kann jeder wahrnehmen, weil wir im Herzen verbunden sind. Jedes Problem und jeder Konflikt in einer Familie (im Kleinen wie im Großen) kann deshalb zum Guten gewendet werden, wenn wir die Botschaft des Konflikts verstehen, Verantwortung dafür übernehmen und den Teil in uns annehmen und heilen, der das Problem verursacht bzw. manifestiert hat. So hat jede Störung, jeder Streit, jede Differenz, sogar jede Begegnung eine Bedeutung, eine Nachricht für uns.

Es ist im Allgemeinen schwierig für uns, eigene Fehler zu sehen. Doch wir können uns im Spiegelbild der Welt erkennen. Alles, was uns bei Freunden und Bekannten auffällt, hat etwas mit uns zu tun. Sie sind unser direkter Spiegel. Durch den Prozess des Ho'oponopono lernen wir, diese innere Botschaft der Begegnungen und Ereignisse zu verstehen. Indem wir bewusst werden, können wir unser Denken neu ausrichten und so unsere Welt und unsere Erfahrungen kreieren.

Loslassen

Wenn wir in persönlichen Schwierigkeiten stecken oder knöcheltief in Reibereien am Arbeitsplatz verwickelt sind, dann geht es meist weder vor noch zurück. Oder man steckt bis zum Hals in Schulden und kann nicht schlafen. Vielleicht befinden Sie sich in einer sogenannten co-abhängigen Beziehung und haben mit Ihrem Partner einen unsichtbaren Vertrag geschlossen, gegenseitig Ihre schlechten Angewohnheiten zu tolerieren. Vielleicht haben Sie eine Arbeit, die Sie geistig und körperlich zugrunde richtet, vielleicht machen Sie sich große Sorgen um einen geliebten Menschen oder erleben seit Wochen, Monaten oder Jahren denselben Albtraum.

Theoretisch wissen wir, die Lösung liegt im Loslassen. Aber wie lässt man los, wenn man nicht loslassen kann? Ein Grund, zum Beispiel nicht von Ärger und Groll loszulassen, liegt in der Illusion, einen Vorteil davon zu haben. Vielleicht glaubt man, mit Missmut und Kritik andere manipulieren zu können, und das erzeugt dann ein Gefühl von Sicherheit. Macht zu haben und Aufmerksamkeit zu bekommen, spielen eine wichtige Rolle in der westlichen Gesellschaft. Leider hat man damit langfristig keinen Erfolg, denn alle negativen Emotionen ziehen wie ein Magnet nur noch mehr Ärger an. Schmerzen führen nur zu noch mehr Schmerzen.

Um zu wachsen, müssen wir unsere Negativität, die Sabotage- und Störprogramme loslassen. Wenn Sie sich von einem Desaster nicht lösen können, stellen Sie sich bitte diese drei Fragen und hören Sie dann auf Ihre innere Stimme: »Kann ich nicht loslassen, will ich nicht loslassen oder habe ich es noch gar nicht probiert?«

In einem Hafen in Kroatien erzählte man uns die Geschichte von einem Freizeitkapitän, der vergaß, die Leinen loszumachen. Beim Auslaufen seiner 800-PS-Jacht riss er einfach den Steg mit. Genauso haben sich Menschen schon selbst und andere ins Unglück gerissen, weil sie nicht loslassen, vergessen und vergeben konnten.

Damit Sie gesund bleiben und privat und beruflich erfolgreich sind, lohnt es sich, dass Sie sich vom Destruktiven lösen und alle Schmerzen heilen.

Was einen Elefanten festhält, fesselt uns erst recht

Wie wichtig es ist, sich von alten, unliebsamen Verhaltensweisen, Gewohnheiten und Erinnerungen zu lösen, lernen wir aus dieser Geschichte: In Burma, Malaysia und Indien werden Elefanten für die Arbeit im Urwald trainiert. Allerdings kann man keine ausgewachsenen Elefanten abrichten, sondern nur Baby-Elefanten. Man legt einem Jungtier eine Kette um ein Bein, und der kleine Elefant erfährt und versteht, dass er sich mit solch einer Kette am Fuß nicht wegbewegen kann. Er lernt, dass er gefesselt ist. In den nächsten Jahren wächst er zu einem mächtigen Koloss heran, und die Kette, welche ihm der Trainer anlegt, wird dicker und stärker. Irgendwann kommt dann ein Zeitpunkt, da ist der Elefant derart konditioniert, dass man die Kette durch einen einfachen Strick ersetzen kann. Der genügt jetzt, um dem Elefanten zu signalisieren, dass er sich nicht vom Fleck rühren kann.

1965 brach in einem Zirkus in Neu-Delhi ein Feuer aus, bei dem 25 Elefanten verbrannten. Man hörte sie schreien, doch jede Hilfe kam zu spät. Bei den Untersuchungen des Falles wurde festgestellt, dass die Tiere nur mit einem fingerdicken Strick angebunden waren. Die Elefanten hätten nur hinauslaufen müssen, und die Stricke wären einfach zerrissen. Hat ein Strick die Elefanten festgehalten oder ihre sogenannte Konditionierung? Wer trägt die Schuld am Tod der Elefanten? Der Trainer, der Strick, die Elefanten selbst, die Natur, der Zirkus, das Feuer? Und wem gilt es hier zu vergeben – niemandem oder allen?
Die eindringliche Botschaft dieses dramatischen Ereignisses lautet, dass es Muster und Prägungen gibt, die uns lähmen und daran hindern, weiterzukommen und gemeinsam zu wachsen. Solche Hindernisse sind zum Beispiel Vorurteile und Meinungen – Stricke geflochten aus sozialen, kulturellen und religiösen Glaubenssätzen.

Ihre Ho'oponopono-Übung

Wir möchten Sie, liebe Leserinnen und Leser, nun direkt fragen, welche Muster und Programme Sie in Ihrer Kindheit erworben haben und immer noch pflegen. Diese Standortbestimmung ist von größter Wichtigkeit, und wir empfehlen Ihnen, diese Selbstbetrachtung regelmäßig zu wiederholen. Fragen Sie sich, wo Sie stehen.

Wenn Sie nach Berlin reisen möchten – und Berlin ist bekanntlich eine Reise wert –, so ist es für die Wahl Ihrer Route ein Unterschied, ob Sie in Madrid oder Moskau starten. Wenn wir ein Ziel erreichen wollen, sei es beruflich oder persönlich, müssen wir wissen, was unsere Ausgangssituation ist. In einem Unternehmen macht man eine Kostenrechnung und man untersucht, wo das Unternehmen und das Produkt am Markt positioniert sind. Fragen Sie sich, mit welchen Voraussetzungen Sie in Ihre Partnerschaft gegangen sind. Welche Stricke und Netze, gewoben aus Angst vor Ablehnung bzw. vor Kritik, aus Selbstzweifeln und Selbstvorwürfen, hindern Sie am Vorwärtskommen? Bitte ergänzen Sie dazu diese Sätze:

Ich habe Angst vor:

....

Es soll nicht an die Oberfläche kommen, dass:

....

Ich verrate niemandem, dass ich:

....

Durch mein wiederholtes Verhalten ist mir Folgendes entgangen bzw. ich habe folgenden Preis bereits in meinem Leben dafür gezahlt:

....

Frieden im Herzen

Jeder wünscht sich, frei zu sein, und der Wunsch nach Selbstbestimmung ist ein grundlegendes Bedürfnis, das wir mit den meisten Menschen teilen. Durch eine schrittweise Vergebung und Selbstvergebung wollen wir uns von alten Verletzungen und Schuldgefühlen lösen, um Frieden im Herzen zu erlangen und auf diese Weise frei zu werden. Gerade die Angst vor Kritik sowie Minderwertigkeitsgefühle und Selbstzweifel gründen oft in alten Schuldgefühlen und dem heimlichen Verlangen nach Selbstbestrafung. Wir glauben, so eine alte Schuld abzubezahlen. Wenn wir Frieden im Herzen haben, dann können wir unsere körperliche und mentale Verfassung so akzeptieren, wie sie gerade sein mag. Wir sind ausgeglichen, zufrieden und nehmen jene Schritte ernst, welche uns zu mehr Freude, Gesundheit, Glück und Reichtum auf allen drei Ebenen (körperlich, geistig und seelisch) bringen.

Eine Lösung durch Verzeihen & Vergeben

Geben und Nehmen im Ausgleich

Vergebung ist die hohe Kunst des Gebens, und das kann man unter Umständen nicht so einfach. Jemand schuldet uns etwas, und jetzt sollen wir dem Täter auch noch etwas geben? Das ist doch nicht gerecht! Keine Sorge, denn das Besondere am Vergeben ist, dass wir, sobald wir Vergebung gewähren, auch sofort und direkt etwas bekommen – nämlich Frieden. Aber achten Sie bitte auf Ihre Motivation, wenn Sie vergeben. Sie aktivieren das geistige Gesetz von Geben und Nehmen durch Ihre innere Haltung, das heißt, durch Ihre Absicht beim Geben.

Zum Beispiel: Marion ist sauer, traurig und fühlt sich schon ganz ausgelaugt. Sie klagt: »Seit Jahren kümmere ich mich darum, dass in der Familie alles läuft, aber niemand hilft mir. Dabei will ich doch nur etwas Anerkennung.« Das ist die falsche

Motivation, denn Marion wollte Anerkennung, statt mit ihren einzigartigen Fähigkeiten dem gemeinsamen Wohl zu dienen. Wir erkennen, dass Marion statt innerer Ruhe einen tiefen Mangel empfindet und deshalb auch nur Mangel ernten kann. Wir ernten, was wir säen, und innerer Frieden führt zu äußerem Frieden. In dem Augenblick, da wir uns entscheiden, uns selbst und anderen motivlos zu vergeben, beginnt in unserem Herzen wieder die Flamme des inneren Friedens zu leuchten. Erinnern Sie sich: Der Stein fällt aus der Schale, und dort, wo vorher Dunkelheit war, ist nun wieder Licht. Menschen glauben manchmal, sie würden ihr Gesicht verlieren, wenn sie vergeben, aber das ist ein Irrtum. Innerer Frieden führt zu innerer Freiheit, und Unfrieden führt immer zu Bindung.

In einem Ho'oponopono konnte sich Marion verzeihen, dass sie sich in den letzten Jahren selbst so wenig Anerkennung für ihren Einsatz gegeben hatte. Sie begann sich zu belohnen, und als die Familie das sah, konnte auch sie ihre Leistung wertschätzen. Wenn man sich also selbst peitscht, braucht man sich nicht zu wundern, wenn andere einen auch peitschen.

Durch das Vergeben reinigen wir uns von den Folgen ähnlicher Missetaten, die wir selbst begangen haben. Jeder Mensch war bereits Opfer und jeder Mensch war bereits ein Täter. Zum Beispiel hat jeder Mensch schon einmal gelogen. Wenn wir vergeben, fühlen wir uns leichter, offener, verständnisvoller und stärker. Wir verlieren keine Energie mehr durch die wiederholten Gedanken daran, ein Opfer zu sein. Wir vergeben uns auch, dass wir Täter waren, und erleichtern unser Leben.

Alle negativen Erinnerungen, Daten und Programme werden im Ho'oponopono in vier einfachen und klaren Schritten gelöscht, nämlich durch (1) Annehmen und Verantwortung, (2) Wiedergutmachung, (3) Versöhnung und Liebe sowie (4) Dankbarkeit und Vertrauen. Von grundlegender Bedeutung ist das wechselseitige Entschulden (also das Befreien von nicht materiellen und materiellen Schulden), Verzeihen und Vergeben, und das heißt auf Hawaiianisch Mihi. Das kann ein langer Prozess sein, manchmal geht es aber auch sehr schnell.

Probieren Sie es aus: Wenn Sie sich mit Ihrem Partner, Ihrer Partnerin das nächste Mal streiten, dann halten Sie inne, nehmen Sie seine/ihre Hände, lächeln Sie ihn/sie an und sagen Sie mit ruhiger Stimme: »Es tut mir leid. Bitte verzeih mir. Ich liebe dich. Danke.«

Machen Sie zwischen den Sätzen eine kurze Pause. Beobachten Sie, was sich verändert. Atmen Sie ruhig. Treten Sie aus der Konfliktsituation heraus in die Liebe. Wechseln Sie von der Trennung in die Einheit. Drehen Sie die Schale einfach herum und lassen Sie den Stein, der zwischen Ihnen liegt, herausfallen. Lächeln Sie mindestens dreißig Sekunden lang. Das wird Ihre Biochemie verändern und Ihr Partner wird zurücklächeln. Wiederholen Sie jetzt: »Es tut mir leid. Bitte verzeih mir. Ich liebe dich. Danke.«

Ein Sack voller Kartoffeln

In einer alten Lehrgeschichte fragt ein Schüler seinen Lehrer, warum es so wichtig sei zu vergeben. Der Lehrer gibt dem Schüler ein Messer sowie einen Sack mit Kartoffeln und weist den jungen Adepten an, die Namen all jener in die Kartoffeln zu ritzen, welchen er noch nicht vergeben habe. Die Kartoffeln möge er dann in den Sack zurücklegen und auf dem Rücken tragen. Gesagt, getan, und eine Stunde später trägt der Schüler stolz den Sack Kartoffeln, um die geheimnisvolle Aufgabe seines Meisters zu lösen. Nach ein paar Tagen und schlaflosen Nächten beginnt es im Sack zu stinken. Es riecht erbärmlich, und als die Freunde den Schüler meiden, versteht er: »Ja, Meister, die stinkenden Kartoffeln sind meine schlechten Gedanken, jeder riecht sie, und der Sack ist das Behältnis – mein Ego –, unfähig, sie loszulassen und zu vergeben. Danke, danke für diese Lektion.«

Nur eine Geschichte? Im Frühjahr 2011 führte ich, Ulrich, ein Telefonat mit dem Besitzer einer Ferienwohnung, die mir empfohlen worden war. Er fragte mich, was ich beruflich machte, und als ich ihm antwortete: »Ich gebe Seminare zum Thema Vergebung«, rief er: »Ha, das ist genau mein Thema! Ich kann nicht vergeben.« Er berichtete mir daraufhin, wie er vor etwa zehn Jahren betrogen worden war und rund 80 000 D-Mark verloren hatte. Er hatte einen Mieter in besagter Wohnung gehabt, und dieser Mensch hatte Hunde und Katzen, die ihr Geschäft im Haus verrichteten. Eines Nachts verschwand dann der Mieter. Er hinterließ seine Hunde und Katzen und auch eine Menge Mietschulden. Die Wohnung war verwüstet, unbewohnbar und für lange Zeit nicht zu vermieten. In jahrelanger Arbeit und mit hohen Kosten renovierte mein Gesprächspartner die Räume und machte eine Ferienwohnung daraus.

»Ich habe mir sagen lassen, Sie haben da eine wunderschöne Wohnung«, lobte ich ihn. »Nein, ich habe keine schöne Wohnung, sondern ein Magengeschwür«, rief der Mann ins Telefon. »Oh, das tut mir leid«, erwiderte ich. Als ich fragte, ob es nicht Zeit sei, die Sache loszulassen und zu vergeben, meinte er nur trocken: »Niemals.« Er hasste diesen Mann und wollte Rache. »Der soll bezahlen!« Wir sprachen noch etwas über dies und das, ich lud ihn zu einem Seminar ein, doch er winkte ab.

Die Geschichte hatte ein tragisches Ende. Wie ich hörte, starb er – nach Aussagen seiner Ärzte und Verwandten – an seinem Magengeschwür. Was meinen Sie: Woran starb dieser Mann, und wer hat hier bezahlt?

Zu vergeben heißt nicht, eine Handlung oder »alles« stillschweigend hinzunehmen. Nein, vielleicht müssen wir jemanden sogar mit allen uns zur Verfügung stehenden Rechtsmitteln stoppen. Vergebung macht aus Unrecht kein Recht. Aber wenn wir vergeben, lösen wir ein energetisches Band, das uns an den Täter und die Tat bindet. Wir möchten nur zu bedenken geben, dass es sich lohnt, sich auf die vielen schönen Dinge im eigenen Leben zu konzentrieren (und davon gibt es immer etwas), anstatt blind vor Hass zu werden.

Vielleicht ist es gerade eine Lernaufgabe, vielleicht gilt es eine karmische Verbindung dringend zu lösen, vielleicht müssen wir einen seit Generationen andauernden Streit beenden und unsere Ahnen aus dem Feld der letzten Kriege erlösen. Was es auch sei – es kann sehr schwierig sein zu vergeben. Es mag uns unmöglich erscheinen. Doch zu verzeihen und zu vergeben ist eine Gelegenheit zu wachsen. Bitte bedenken Sie, dass wir an unseren Herausforderungen wachsen.

Der Akt der Vergebung kann uns verändern

Die Welt ist voll von Geschichten des Nichtvergebens und der Rache. Doch anstatt blind vor Hass zu sein, statt dass uns die Angelegenheiten auf die Nerven und an die Nieren gehen, wir einen dicken Hals bekommen und uns die ganze Sache auf den Magen schlägt, können wir uns auch für Gesundheit entscheiden und dabei uns und andere vor weiterem Kummer bewahren. Der Mensch hat einen freien Willen.

Der englische Philosoph Aldous Huxley prägte den Satz: »Der einzige Ort im Universum, den wir wirklich ändern können, sind wir selbst.« Haben Sie schon einmal versucht, Ihren Partner oder Ihre Kinder zu ändern? Hat das funktioniert? Sicher nicht. Selbst wenn Menschen seelische oder körperliche Gewalt anwenden – sie scheitern auf Dauer. Die Erfahrung lehrt, dass sich unsere Partner und unsere Kinder nicht einfach verbiegen lassen, nur damit sie in unsere Schablone passen. Im Ho'oponopono arbeiten wir nur an uns und unseren persönlichen, beruflichen, gesundheitlichen oder spirituellen Zielen. In einer Gruppe arbeiten wir an den gemeinsamen Zielen und suchen die Synergie. Wir wissen, dass jeder nur sich selbst ändern und weiterentwickeln kann, und damit haben wir schon genug zu tun. Der Mensch lernt durch Nachahmung, und somit tragen Eltern oder Lehrer, Schauspieler oder Rockstars, Unternehmer oder Politiker, überhaupt Menschen in leitenden Positionen eine große Verantwortung – es ist ihre besondere und natürliche Aufgabe, Vorbilder zu sein. Wie heißt es so schön? Wenn der Abt zum Glase greift, so greifen die Mönche zum Krug.

Bernd muss zur Schule

Bernd meinte, er müsse sich erst noch an seine neue Rolle als Hausmann gewöhnen. Jedenfalls vergaß er an drei von fünf Tagen, Tochter Lisa von der Schule abzuholen. Diesmal war das Maß voll. Bernds Frau Regine war sauer. Sie konnte diese Nachlässigkeit nicht mehr länger ertragen und dulden. Sie schrie, und es gingen einige Teller zu Bruch. Beide machten ein Ho'oponopono. Regine vergab Bernd. Sie liebte ihn und trat in eine Beobachterposition. Sie akzeptierte seine Vergesslichkeit und erkannte ihre eigene Vergesslichkeit in anderen Bereichen. Sie dankte für den Spiegel. Beide besprachen, was zu tun sei, und Monika, die Mutter einer Klassenkameradin, nahm Lisa fürs Erste mit.

Warum verzeihen?

Vergebung ist ein Geschenk, das man sich selbst macht. Genauso wie verschiedene Substanzen, zum Beispiel Schwermetalle, den Körper vergiften, so vergiften Vorwürfe, Groll, Unzufriedenheit und Angst unseren Verstand, das Bewusstsein, die Fähigkeit, klar zu denken, und damit die Fähigkeit, richtig zu handeln. Giftige Gedanken der Vergeltung und des Widerstandes führen zu Muskelverspannungen, Übersäuerung, Herz- und Nervenproblemen, vorzeitiger Alterung, Allergien, Tinnitus, Depressionen und so weiter. Wenn man nicht loslassen kann, bekommt man Schlafstörungen und Kopfschmerzen, aus Groll können Tumore entstehen, und von Wut kann man Entzündungen bekommen. Wenn wir vergeben, befreien wir uns in erster Linie selbst, aber auch unsere Beziehungen von einer Last. Erinnern Sie sich bitte an die Geschichte des Mannes mit dem Magengeschwür. Es ist unsere Ablehnung des Lebens, wie es ist, unser Widerstand gegen uns selbst und das Vergleichen mit anderen, was unsere Beziehungen belastet. Vergebung ist eine mentale Entgiftung, eine Entschlackungskur für Körper, Geist, Seele und all unsere Beziehungen.

Solange wir nicht verzeihen, leisten wir im Grunde nur Widerstand gegen eine Situation, die ist. Mit unserem Widerstand gegen das, was ist, vergrößern wir in Gedanken die Tat und bauen in vielen Fällen Mauern um uns herum. Wir bekommen einen Tunnelblick, und da sieht man bekanntlich wenig. Gedanklich sind wir bei der Tat und dem Täter – also im Außen –, und durch unsere destruktiven Gedanken und Emotionen verlieren wir Kraft und schwächen uns. Wir vergessen, dass wir gerade die Kraft im Innen brauchen, um zu einer neuen und konstruktiven Lösung zu gelangen. Wir wollen, dass sich das Drama auflöst, als wäre es nie gewesen. Damit dies geschieht, müssen wir das zuerst auf der mentalen Ebene allein schaffen. Alles beginnt im Geiste, und die Situation löst sich in der Vergangenheit auf, wenn wir sie mental annehmen, würdigen und gehen lassen. Gedanken, die wir beobachten, verschwinden.

Wenn Sie ein Ereignis nicht loslassen können, ist es hilfreich, wenn Sie sich eine Situation suchen, in der Sie ähnlich gehandelt haben wie der Mensch, dem Sie jetzt einen Vorwurf machen. In dem Moment, da wir uns bewusst werden, dass wir ähnliche Fehler gemacht haben, und uns mit dieser Missetat oder Charakterschwäche vollständig annehmen, werden wir bereit sein, dem anderen zu verzeihen. Nach dem geistigen Gesetz der Resonanz werden wir nur mit dem konfrontiert, was wir bewusst oder unbewusst aussenden und was erlöst werden soll. Es ist Zeit zu vergeben und sich selbst und den Täter zu erlösen.

Einstieg in die Praxis

Genial sind häufig die ganz einfachen Dinge. Lassen Sie uns mit einer einfachen Variante des Ho'oponopono beginnen. Diese Variante ist von der doppelten Verständnistechnik von Manfred und Bärbel Mohr abgeleitet.

Sie kennen bereits die vier Wundersätze: »Es tut mir leid. Ich verzeihe dir und ich verzeihe mir. Ich liebe mich und ich liebe dich. Danke.«

1. Konzentrieren Sie sich jetzt bitte auf eine gerade aktuelle Herausforderung in Ihrem Leben. Lassen Sie uns mit etwas Einfachem beginnen und nach und nach wachsen. Es ist wieder eine Art Standortbestimmung. Beantworten Sie bitte folgende Frage: Wann geraten Sie aus Ihrer Mitte, wann wird Ihr roter Knopf gedrückt, und wer drückt Ihren roten Knopf? Nehmen Sie Kontakt zu Ihren Gefühlen auf und bringen Sie die Angelegenheit in zwei Sätzen auf den Punkt. Erstens: Was passiert? Und zweitens: Was fühlen Sie?

2. Stellen Sie sich zu Ihrer Konfliktsituation folgende Fragen: Wenn ich mich so verhalten würde wie .... (der Täter), warum würde ich das tun? Bitte beachten Sie, dass die Frage *nicht* lautet, wenn ich der Täter wäre, sondern: wenn ich mich so verhalten würde. Sie bleiben ganz bei sich.
Jedes Mal wenn Sie einen Beweggrund gefunden haben, sagen Sie diese vier Sätze: »Es tut mir leid. Ich verzeihe dir und ich verzeihe mir. Ich liebe mich und ich liebe dich. Danke.«

Ein Beispiel:

1. »Wenn ich Kai-Werner treffe, erzählt er mir jedes Mal, wie schlimm alles ist. Er fühlt sich immer als Opfer, jammert, klagt und redet schlecht über alle Menschen. Ich bin dann ganz verärgert, weil er mich so runterzieht, und ich kann fast nicht zuhören.«
2. Wenn ich mich so verhalten würde wie Kai-Werner, warum würde ich das tun? Mögliche Gründe: »Ich würde mich so verhalten wie Kai-Werner,
… wenn ich glaubte, mit dieser Geschichte wäre ich interessant.«
… wenn ich ein Ereignis bräuchte, um das Leben zu spüren.«
… weil ich mich durch die Meinung anderer definiere.«
… weil ich glaube, alle müssen so sein und handeln wie ich.«

… weil ich dadurch nichts wirklich über mich preisgeben muss.«
… weil ich so wenig über mich weiß.«
… weil ich gerade sehr verletzt bin.«
… weil ich erwarte, alle müssten mich lieben.«
… weil ich glaube, niemand hört mir zu.«

3. Wir gehen jetzt noch etwas weiter und fragen uns: Was ist in mir, dass ich diese Situation in mein Leben gezogen habe? Welcher Persönlichkeitsanteil in mir hat diesen Konflikt erzeugt?
In unserem Beispiel könnten die Antworten lauten: Ich habe Mitleid mit Kai-Werner und leide selber gerne. Oder: Ich fühle mich genauso wie er als Opfer. Jetzt bin ich ein Opfer von ihm, und er zeigt mir mein Verhalten. Oder: Ich verschwende gerne meine Zeit.
Sie fragen sich also ganz bewusst nach einem destruktiven Persönlichkeitsanteil in Ihnen, der dafür verantwortlich ist, dass sich die Problematik auf irgendeine Art und Weise manifestiert hat. Schreiben Sie bitte Ihre Beweggründe auf, und jedes Mal, wenn Sie einen Beweggrund gefunden haben, sagen Sie diese vier Sätze: »Es tut mir leid. Ich verzeihe dir und ich verzeihe mir. Ich liebe mich und ich liebe dich. Danke für die Heilung. Danke für die Transformation. Danke für das Wunder.«

Werden Sie zu einem Beobachter und achten Sie darauf, was sich verändert. Atmen Sie bewusst.

Die erste Begegnung von Andrea mit dem Vergebungsritual

Meine ersten Erfahrungen mit Ho'oponopono sammelte ich in einer Ganztagsschule. Ich unterrichtete dort am Nachmittag Yoga. Die Kinder hatten ihren Schultag hinter sich, und um die Zeit zu überbrücken, bis der Bus kam oder sie abgeholt wurden, bot die Schule einen Yoga-Kurs an.

Es war für mich schlimm. Die vier Jungs und fünf Mädchen tobten, schrien, schubsten sich, gähnten, verdrehten einander die Arme, ließen sich fallen, schauten aus dem Fenster. Zwischendurch machten wir zusammen ein wenig Yoga.

Ulrich forschte über Ho'oponopono und war auf seltsame Art berührt. Ich hörte mir die Technik an und stellte mir die beiden Fragen: Wenn ich mich so verhalten würde wie diese Kinder ... (eine gedankliche Pause), warum würde ich das tun? Und: Was ist in mir, dass ich in dieser Situation bin?

Ich ging jede einzelne Schülerin und jeden einzelnen Schüler durch. Bei jedem fragte ich mich: Was wäre mein Beweggrund, wenn ich mich so wie .... verhalten würde? Ich betrachtete ihr Verhalten, ohne zu urteilen, und beschrieb einfach möglichst detailliert, was er oder sie genau tat: Lisa steht auf und geht zu Bernd, um ihn von hinten zu zwicken. Bernd findet immer einen Grund, die anderen auszulachen. Tom verletzt sich in jeder Stunde. Monika diskutiert mit anderen und findet immer einen Fehler. Lisa provoziert und schubst die

Jungs. Roman nimmt eine Matte und wirft sie auf seinen Vordermann.
Ich habe mich jedes Mal gefragt, warum ich genauso handeln würde. Hier war die erste Herausforderung. Urteilsfrei, mikroskopisch genau zu beschreiben, wann ich so handeln würde. Die Kunst lag darin, ganz bei mir zu bleiben, zu hundert Prozent Verantwortung zu übernehmen, jegliches Opferverhalten aufzugeben und alle Ausreden wegzulassen. Danach fragte ich mich, warum ich mich in diese Situation gebracht hatte, schrieb einige Gründe auf und sprach wieder die vier Sätze. Ich machte das, bevor ich losfuhr, und wiederholte im Auto die vier Sätze. Es tut mir leid, dass ich auch so handeln würde. Bitte verzeihe mir, Monika, Lisa, Bernd, Roman, Tom, ... Ich verzeihe mir, dass ich auch schon so gelangweilt war, mich zeigen wollte, keine Lust hatte, den Lehrern zuzuhören, eifersüchtig war, wenn andere mehr Anerkennung bekamen, nicht zugeben konnte, wenn ich etwas nicht konnte oder nur Freiheit wollte. Ich liebe mich. Ich liebe dich. Danke. Ich ergänzte noch: Ich liebe die Situation, die zu mir gekommen ist, damit ich etwas lerne. Ich liebe die Situation, die mir zeigt, woran ich arbeiten darf. Danke für die Heilung. Danke für das Wunder. Danke für die Transformation.
Das Ergebnis war beeindruckend. Ich kam an und es war so still. Ich öffnete die Tür, und die Kinder hatten sich schon die Matten bereitgelegt. Alle standen da und warteten. Patrick fragte, ob er sich einfach hinsetzen dürfe und zugucken. Wir hatten einen wunderbaren Nachmittag zusammen.

Ich erkannte und erlebte direkt, wie Ho'oponopono auf dem Umstand gründet, dass alles miteinander verbunden ist. Mitgefühl, Verstehen, Vergebung, Versöhnung und Dankbarkeit führen zurück in die Liebe und Einheit. Urteilen trennte mich und führte zu Unzufriedenheit. Meine Verletztheit konnte nur zu noch mehr Unbehagen führen.
In dieser Yoga-Klasse gab es ein sehr begabtes und kluges Mädchen. Sie ging in die vierte Klasse und hatte die Neigung, die Erstklässler zu schikanieren. Zwar mochte sie den Unterricht, doch nutzte sie jede Gelegenheit, den Jüngeren grob und unangenehm zu zeigen, dass sie die Chefin sei. Ich fragte mich in ihrem Fall genau, wann ich auch schon so gehandelt hatte. Dabei fand ich Folgendes heraus: Ich war die Leiterin einer physiotherapeutischen Abteilung und plagte dabei auch manche Patienten, indem ich darauf bestand, dass sie die Übungen machten, die ich anordnete. Ich habe mir daraufhin diesen Anteil in mir, der so streng ist, vergeben und meine Patienten im Geiste um Vergebung gebeten.
Später habe ich erfahren, dass dieses Mädchen mit ihren beiden älteren Brüdern bei der Großmutter lebte. Ihre Brüder unterdrückten das Mädchen, und sie gab nur das Verhalten weiter, das sie gelernt hatte. Wir können uns also immer fragen, wo wir unsere Geschichte und Unsicherheit auf andere unbewusst übertragen.
Nachdem ich vor der Stunde regelmäßig ein Ho'oponopono mit jedem Kind gemacht hatte, waren die Kinder auch auf Dauer wie verändert. Obwohl ich mir das nicht vorzustellen vermoch-

te, konnten sie sich an die Übungen erinnern. Ein recht übergewichtiger Junge bat mich wegen seiner Rückenschmerzen, sitzen zu bleiben und nur zugucken zu dürfen. Der Junge, der sich immer verletzte, musste in einen anderen Förderkurs und kam nicht mehr. Das gerade erwähnte Mädchen hat mich später gebeten, ob sie etwas für uns alle singen dürfe, und hat uns so auf wunderschöne Weise unterhalten.

Indem ich meinen Widerstand gegen die Kinder, ihr Verhalten und den Unterricht losließ und jedes Element mit Mitgefühl und Verständnis betrachtete, veränderten wir uns alle. Wir waren fröhlich und hatten viel Spaß zusammen.

So gehen Sie bei Konflikten mit anderen vor

Wir beschreiben hier in einer Übersicht mit Beispielen die Vorgehensweise bei Konflikten mit anderen Menschen, z. B. Partnern, Kindern, Eltern, Kollegen, Vorgesetzten oder Nachbarn. Wenn Sie also ein Problem mit einer Person haben, und zwischen Ihnen und dem oder der anderen gibt es einen Konflikt, ein Missverständnis oder ein Fehlverhalten, dann können Sie folgendermaßen vorgehen:

Bitten Sie um spirituelle Führung. Sprechen Sie dazu ein kleines Gebet. Im Anhang finden Sie drei Vorschläge für schöne Gebete (Seite 210).

Beschreiben Sie das Problem in zwei bis drei Sätzen, nur die Fakten, ohne zu beurteilen, und stellen Sie sich folgende Frage: Wenn ich mich so verhalten würde wie .... (hier nennen Sie den Namen der Person), warum würde ich das tun?

Wichtig: Bitte interpretieren Sie jetzt nicht das Verhalten der Person. Suchen Sie nicht nach seinem oder ihrem Beweggrund. Bleiben Sie ganz bei sich. Warum würden Sie sich so verhalten. Suchen Sie alle Gründe, wann Sie zum Beispiel in der Vergangenheit ähnlich handelten oder es unter bestimmten Umständen tun würden. Suchen Sie nach dem Fleck auf Ihrer weißen Weste. Nehmen Sie ein Blatt Papier und schreiben Sie die Gründe auf.

Lesen Sie den ersten Grund (und verfahren Sie später mit den anderen Gründen genauso). Sagen Sie: »Ich nehme diesen Teil von mir jetzt an, der diese Situation mit erschaffen hat. Ich sehe das Destruktive in mir und es tut mir leid. Ich umarme jetzt diesen Teil in mir, der das und Ähnliches erschaffen kann, und sage: Ich liebe diesen Teil in mir. Ich übernehme jetzt Verantwortung für diese Situation.«

Bitte sagen Sie dann ganz bewusst: »Ich verzeihe mir und ich verzeihe dir. Ich verzeihe diesem Teil in mir, der Leid bringt.«

Danken Sie jetzt Ihrem Persönlichkeitsanteil, der auch so handeln würde. Bedanken Sie sich bei diesem Teil, denn obwohl er Leid bringt, so hatte er doch eine gute Absicht. Sie wollten es richtig machen. Sagen Sie noch einmal: »Ich verzeihe dir.«

Sagen Sie jetzt voller Bewusstheit: »Danke. Danke für die Erkenntnis, Danke für die Heilung. Danke für die Veränderung. Danke für das Wunder.« Übergeben Sie damit die Angelegenheit Gott und dem Universum und lassen Sie das Problem bzw. den Konflikt vollständig los. Denken Sie nicht mehr daran.

Geschichtliche Entwicklung & Varianten

Das schamanistische Ho’oponopono

Vor etwa sechstausend Jahren rückten die Zeiger der Weltzeituhr einen Schritt weiter, und der Menschheit schlug eine neue Stunde. Wie die Jahreszeiten Frühling, Sommer, Herbst und Winter, so existieren auch auf einer höheren Ebene vier große Weltzeitalter, und wir finden diese Ordnungsprinzipien der Natur auf allen Ebenen der Entwicklung, zum Beispiel als Kindheit, Erwachsenenalter, reifes Alter und Greisenalter. Der Metaphysiker sagt: Wie oben, so unten.

Eine kleine Geschichte, die diesen Übergang von einem Äon in ein anderes illustriert, finden wir mündlich überliefert in weiten Teilen der Welt, zum Beispiel in Afrika, Australien und auf Hawaii. Schriftliche Zeugnisse dieses Ereignisses sind das altindische Bhavishya Purana und die Bibel. In beiden Schriften wird von einem Paar berichtet, das in einem Garten lebte und im Bewusstsein der Einheit mit Gott wandelte. Niemand litt Hunger oder kannte sonst irgendeine Not. Die Welt war im Einklang mit allem, was ist, und es gab nur die *eine* Wahrheit – die Liebe zu allem Sein. Der Begriff und das Konzept der Unwahrheit existierten noch nicht.

Als nun das neue Zeitalter anbrach, erschien die Lüge in Person und in der Gestalt eines Wesens mit gespaltener Zunge. Adam und Eva – als Wesen mit einem freien Willen – beschlossen unter dem Einfluss einer geschickten Werbestrategie und aussichtsreicher Versprechen, die Frucht eines Baumes zu essen, der bis dahin als tabu (hawaiianisch Verbot, außer Reichweite) galt. Nachdem beide vom Baum der Erkenntnis bzw. Maya (der Illusion) gegessen hatten, legte sich der Schleier der Isis über die Menschheit. Es vollzog sich ein entscheidender Bewusstseinswandel, und anstelle der einen Wahrheit, der einen Kraft, der alldurchdringenden und omnipräsenten Intelligenz Gottes, erkannten die Menschen plötzlich zwei Kräfte, nämlich Gut und Böse. Man trennte sich vom Ursprung und fällte das erste Urteil: Es gibt Gott und es gibt uns. Es gibt jene, die recht haben, und solche, die unrecht haben. Es gibt die Gerechten und die Sünder, die Gläubigen und die Ungläubigen. Es gibt jene, die über Wissen verfügen, und jene, die belehrt werden müssen. Auf diese Weise gewann die von Gott abgespaltene Energie, das Ego, die Herrschaft über die Liebe, und egal wo man stand, man war immer auf der richtigen Seite – ob als Täter oder Opfer.

Adam und Eva empfanden Scham und Schuld, so wie fast jeder, der hinterher klüger ist – Irren ist eben menschlich. Sie erwarteten Strafe, versteckten sich, und als der Schöpfergott erschien, da schwindelten sie.

Ich (Ulrich) war sechs oder sieben Jahre alt. In unserer Nähe gab es eine alte Fabrik, die wie der Baum der Erkenntnis als tabu galt. Betreten strengstens verboten. Wir Kinder ahnten, dass wir dort zu großen Erkenntnissen und Schätzen gelangen konnten. Andreas, Dietmar und Michael machten sich eines Tages auf zur Erkundung der verbotenen Zone. Ich musste da einfach mit! Bei dieser Expedition brach Andreas durchs Glasdach – nichts weiter passierte –, und wir fanden auch ein paar bedeutsame Artefakte: alte Batterien und Lampen. Zu Hause erwartete mich jedoch »den Hintern voll« statt Beifall zu bekommen, und um den Repressalien meiner Schöpfergötter zu entgehen, habe ich gelogen. »Du warst doch in der Fabrik.« »Nein.« »Du warst in der Fabrik!« »Nein, nein, nein – und nochmals nein.« Ich blieb standhaft. Für mich damals merkwürdig und würdig sich zu merken: Den Hintern voll gab es trotzdem.

Seit Adam und Eva ist der Mensch gewohnt zu schwindeln, zu lügen, zu verdrehen, sich zu verbiegen, die Wahrheit wegzulassen oder ängstlich zu drucksen. Vieles scheint verdreht in einer Welt, wenn Menschen die Wahrheit sagen und dafür angegriffen, eingesperrt, gefoltert oder getötet werden. Sie müssen abschwören und bekennen, dass sie sich geirrt haben. Seit sechstausend Jahren scheinen Menschen die Wahrheit zu fürchten. Weil sie durch die Wahrheit den Verlust ihrer Macht, ihres Ansehens oder irgendeinen anderen Nachteil erwarten, ernten sie genau das: Verlust. Es leidet weniger der Angelogene. Es leidet mehr der Lügner.

Ihre Ho'oponopono-Meditation

Ich bitte alle Menschen um Verzeihung, die ich oder meine Ahnen in dieser oder irgendeiner anderen Inkarnation bewusst oder unbewusst belogen, beschwindelt und betrogen haben. Ich bitte demütig um Vergebung. Ich verzeihe jetzt allen Menschen, die mich oder meine Verwandten in dieser oder in irgendeiner anderen Inkarnation bewusst oder unbewusst belogen, beschwindelt und betrogen haben. Ich vergebe ihnen und lasse jetzt los. Ich bitte um die Auflösung aller uns verbindenden negativen Energien. Mögen alle daraus entstehenden Leerräume mit göttlichem Licht gefüllt werden. Ich danke für die Heilung aller Beteiligten. Danke. Danke für die Heilung. Danke für das Wunder.

Das schamanistische Ho'oponopono galt immer als Vorbereitung zur Heilung körperlicher Krankheiten. Der Mensch war aus der Mitte geraten oder ein böser Geist in ihn gefahren, und das wirkte sich auf die körperliche Ebene aus. Alles beginnt im Geiste, und seit den Studien unter anderem von Louise Hay ahnen wir, welche Auswirkungen Schuldgefühle und ein schlechtes Gewissen auf unser Leben haben können. Unfälle werden dabei auf eine Art Selbstbestrafungsmechanismus zurückgeführt. Dazu zählen auch das mutwillige Versagen im

Alltag und der Partnerschaft und ebenfalls die kleinen Sabotageprogramme, um vor dem Erfolg noch die letzte Ausfahrt zu nehmen. Im Schamanismus gibt es viele verschiedene Heilzeremonien. Mit dem schamanistischen Ho'oponopono als einleitendem Ritual wurden und werden Krankheiten geheilt. Man reist im Fluss der Zeit zurück und bittet dort um Vergebung.

Das traditionelle Ho'oponopono

Die Menschen verließen die Paradiese und organisierten sich in dörflichen Gemeinschaften. Wir alle wissen, dass es überall dort, wo Menschen zusammenleben, auch Reibereien gibt. Man sagt: Die Egos reiben sich aneinander.
So entwickelte sich Ho'oponopono zu einer Familienkonferenz, um den Frieden und die Harmonie innerhalb der Familie und des Clans zu sichern. Nun, in den alten Zeiten, als es noch keinen Fernseher oder nur einen mit drei Programmen gab, war es recht einfach: Die Familie kommt zusammen und man spricht miteinander.
Sicher kennen Sie die eine oder andere Familie, in der es viele Probleme gibt, weil man nicht miteinander spricht. Und vielleicht kennen Sie auch das ein oder andere Unternehmen mit ähnlichen Kommunikationsdefiziten zwischen den einzelnen Mitarbeitern oder ganzen Abteilungen. In diesen Vereinen und Firmen haben Menschen dann die Angewohnheit, mehr über-

einander als miteinander zu sprechen und die Schuld immer auf andere zu schieben.
In den 1950er-Jahren präsentierte die hawaiianische Älteste Mary Kawena Pukui (1895–1986) Ho'oponopono in einer für westliche Familientherapeuten verständlichen Form als Familientherapie in drei primären Schritten (Diskussion, Vergeben, Loslassen): Wann immer es ein Missverständnis oder ein Fehlverhalten gibt, trifft man sich zu einer Familienkonferenz und bespricht das Problem in allen Einzelheiten. Man diskutiert und vereinbart ein gemeinsames Ziel. Jeder darf sprechen und alle Seiten werden gehört. Ein sogenannter Sprechstab – ein Stab, den man während des Sprechens in den Händen hält – wird herumgereicht, und solange man diesen Ritualgegenstand in den Händen hält, darf man sprechen, während alle anderen innehalten und zuhören. Damit alle gleichermaßen zu Wort kommen und es nicht zu Handgreiflichkeiten kommt, leitet ein Haku, der über eine natürliche Autorität verfügt, die Versammlung. Richtige Streithähne oder -hühner müssen dann auch gar nicht miteinander sprechen, sondern richten ihr Wort an diesen Mediator. Nach der Diskussion spricht der Haku wie schon zu Beginn ein Gebet, und die Anwesenden gehen in die Stille und suchen in ihren Herzen nach allem, was unrein ist und die Beziehungen gestört hat. Es folgen Wiedergutmachungen, das Entschulden und das wechselseitige Vergeben. Man entschuldigt sich, bittet um Verzeihung und vergibt sich selbst und allen anderen bedingungslos. Dort in den Herzen und vor allen Anwesenden, vor den Ahnen und vor Gott werden dann alle

destruktiven Anteile wie zum Beispiel Angst, Zweifel, Trübsal, Widerstand, Vorbehalte, Minderwertigkeit, Zorn, Trauer usw. gelöscht. Nach diesem Loslassen aller negativen Potenziale gilt der Vorfall als Oki (erledigt), und es wird nicht mehr darüber gesprochen. Die Vergangenheit ist vergangen und man konzentriert sich jetzt auf die Gegenwart. Nur das zählt.
In einem weiteren Teil des Ho'oponopono, der Pani (Rühren) heißt, werden jetzt die gemeinsamen Ziele und Vereinbarungen bekräftigt. Das Ho'oponopono endet mit einem Gebet und einem gemeinsamen Essen, Tanz oder gar einem Fest.
Mary Kawena Pukui betonte, dass es im Ho'oponopono kein isoliertes Element gebe, zum Beispiel die Vergebung oder das Gebet, sondern dass Ho'oponopono die Summe aller Elemente wie Pule, Mahiki, Mihi, Kala, Oki, Pani sei.

Das moderne Ho'oponopono

1976, etwa zwanzig Jahre später, präsentierte die als »lebender Schatz Hawaiis« geehrte Morrnah Nalamaku Simeona (1913–1992) eine modernisierte Variante des Ho'oponopono: das »Self I-Dentity through Ho'oponopono«. Sie hatte Ho'oponopono zu einer Selbstheilungsmethode weiterentwickelt, in welcher es nun möglich war, Ho'oponopono für sich alleine auch ohne einen Vermittler außerhalb der Familie, Ohana, anzuwenden. In diese Methode in zwölf Schritten bezog Morrnah Nalamaku Simeona sowohl indische als auch christliche Elemente mit ein und integrierte das psychologische, alt-hawaiianische System der drei Selbste. In dieser geistig-spirituellen Reinigungsmethode steht ein Gebet im Zentrum, bei dem man Gott, die Urquelle, bittet, alle Beziehungen zwischen Opfer, Täter und weiteren Beteiligten zu heilen und alle entstandenen Leerräume mit göttlichem Licht zu füllen. Morrnah Nalamaku Simeona war eine Kahuna lapa'au (Heilerin und Priesterin), hielt Vorträge und starb am 11. Februar 1992 in der Nähe von München.

In diesem Buch gehen wir primär auf diese Variante und das daraus abgeleitete vereinfachte Ho'oponopono ein. Wir möchten bemerken, dass Ho'oponopono kein starres System ist – pono bedeutet auch biegsam, und als Arzt, Begleiter, Therapeut, Kahuna (Priester) oder Schamane muss man innerhalb seiner Möglichkeiten flexibel sein –, doch um damit erfolgreich zu sein, sollte man den wichtigen Schritten folgen.
Jede Zeitqualität bringt ihre eigenen Ansätze hervor. Und unterschiedliche Aufgaben erfordern unterschiedliche Herangehensweisen. Wenn wir mit Klienten persönliche Sorgen zu lösen suchen, arbeiten wir anders als in der Sterbebegleitung oder auch im Coaching-Bereich. Schüler-Lehrer- und Unternehmer-Kunden-Beziehungen bedürfen eines anderen Ho'oponopono als jene in der Erziehungshilfe oder in der Eheberatung. Alle Probleme und alle Beteiligten sind immer einzigartig, weshalb man abwägen muss, wie man vorgeht (pono). In diesem Buch gehen wir deshalb auf die Gemeinsamkeiten ein und nehmen den roten Faden auf, der die geschichtlichen Varianten miteinander verbindet: das Gebet, die Diskussion, das Annehmen der Verantwortung, das Befreien von Schulden, das wechselseitige Vergeben und das Loslassen.

Das vereinfachte Ho'oponopono

Nach dem Tode von Morrnah Nalamaku Simeona übernahm einer ihrer Schüler, der hawaiianische Therapeut Dr. Ihaleakala Hew Len, den Vorsitz der von ihr gegründeten Stiftung »Foundation of I«. In seinem Buch »Zero Limits«, das er zusammen mit Dr. Joe Vitale verfasste, berichtet Dr. Len, wie er zwischen 1983 und 1987 intensiv an seiner Selbstreinigung und Selbstheilung arbeitete und während dieser Zeit mehrere Insassen einer psychiatrischen Abteilung des Staatsgefängnisses auf Hawaii geheilt wurden. Anhand der von ihm geschilderten außergewöhnlichen Ereignisse möchten wir den besonderen therapeutischen Ansatz von Ho'oponopono illustrieren.
Dr. Ihaleakala Hew Len, von Beruf Arzt, arbeitete seinerzeit im Auftrag des Hawaii State Hospital in Kaneohe. Dr. Len heilte dort innerhalb von vier Jahren durch Ho'oponopono fast eine ganze Abteilung schwer psychisch gestörter Krimineller, ohne diese persönlich kennengelernt zu haben.

Ein ehemaliger Kollege hatte Dr. Len angerufen und gefragt, ob er im Gefängnis in Kaneohe aushelfen könne. Die psychiatrische Abteilung des Gefängnisses wurde als die Hölle bezeichnet, denn obwohl die Patienten durch Handschellen oder Psychopharmaka ruhiggestellt waren, gab es regelmäßig gewaltsame Übergriffe. Das Wach- und Pflegepersonal sowie die Therapeuten blieben im Durchschnitt drei Wochen und meldeten sich dann krank. Man war überfordert und brauchte dringend Unterstützung. Jede Hilfe war willkommen, und so wurde vereinbart, dass Dr. Len die Krankenberichte der Patienten in seinem Büro studieren sollte. Dort arbeitete er in der Stille mit einer Methode, die er kennengelernt hatte, an seiner Reinigung: Ho'oponopono. Dr. Len fragte sich bei jedem Patienten, mit dessen Krankenbericht er sich befasste: »Was ist in mir, dass es so etwas in meiner Welt gibt? Was ist in mir, dass mein Bruder (er nannte den Namen des Insassen) so etwas tat? Was habe ich getan, dass mein Bruder das tat?« Er ging in sich, befragte sein Herz, und jedes Mal, wenn er in sich eine Resonanz zur Krankheit oder zum Verhalten eines Patienten gefunden hatte, sagte er: »Es tut mir leid. Ich verzeihe dir. Ich liebe dich.« Er erkannte alles »Hässliche« in sich an und übergab dieses in einem weiteren Schritt dem Göttlichen. Schließlich dankte er Gott für die Umwandlung. Täglich, über mehrere Stunden, Tage, Wochen und Monate arbeitete er so alle destruktiven Gefühle, Emotionen und Anteile auf, die ihn mit den Gefangenen verbanden.

Nach einer Zeit veränderte sich die Atmosphäre in der psychiatrischen Abteilung mehr und mehr. Die Angestellten kamen plötzlich gerne zur Arbeit. Erstmals wurden wieder therapeutische Gespräche mit den Patienten möglich, nach acht Monaten gab es keine Handschellen mehr und nach etwa dreieinhalb Jahren konnten 28 von insgesamt 30 Insassen aus der Psychiatrie entlassen werden. Dr. Len erklärt, er habe nur sich selbst gereinigt und keinen Kontakt mit den Patienten gehabt.

Gerade deshalb empfinden wir diesen Fall als beispielhaft für die Wirkweise von Ho'oponopono. Dr. Len arbeitete ausschließlich an seiner persönlichen Heilung, um alle Erinnerungen – er nennt es Daten – zu löschen, welche die psychisch kranken Häftlinge in seiner Welt erschaffen hatten. Man bleibt im Ho'oponopono ganz bei sich.

Wenn wir uns selbst fragen, warum es in dieser Welt so viel Leid und Gewalt gibt, und in unser Herz schauen, dann finden wir dort auch Anteile und Resonanzen von Wut, Angst, Verzweiflung, Trauer, Depression, Verdruss, Minderwertigkeit und vieles mehr. Zum Beispiel diese:

Ich brause schnell auf, wenn ...

Wenn ich mich verletzt fühle, dann ...

Ich beschuldige andere, wenn ...

Wenn ich großen Hunger habe, werde ich wütend über ...

Ich kann nicht verdauen, dass ...

Ich fühle mich minderwertig, weil ...

Ich brauche unbedingt ein ...

Usw.

Es gibt in unser aller Herzen eben viele kleine Steine, die das Licht von Aloha verdrängen, und viele erkennt man zunächst

gar nicht. Hier noch ein paar Testfragen, um den eigenen Anteilen weiter auf die Spur zu kommen:
Wollten Sie schon einmal gerne etwas haben, was andere hatten, aber Sie hatten kein Geld dafür? Haben Sie schon einmal etwas genommen, was nicht Ihnen gehörte? Haben Sie schon einmal gedacht, dass Geld glücklich macht? Wollten Sie schon einmal mit einer besonderen Tat angeben? Waren Sie schon einmal verärgert, dass andere durch weniger Arbeit mehr erreichen? Waren Sie schon einmal in sehr großer Not? Mussten Sie schon einmal hungern? Waren Sie schon einmal Gewaltopfer?

Ihre Ho'oponopono-Meditation

Bitte ergänzen Sie den Text:
Es tut mir leid, dass ich mit meiner Trauer, Wut, Verzweiflung, Gier, Untätigkeit, Angst, Schuldgefühlen und .... einen Anteil an der Disharmonie in dieser Welt habe. Es tut mir sehr leid, dass ich damit das Feld des Leides genährt habe. Es tut mir leid, dass ich .... gemacht habe. Es tut mir leid, dass ich und meine Ahnen anderen in Gedanken, Worten und Taten in dieser und vielen anderen Inkarnationen bewusst und unbewusst geschadet haben. Ich bitte demütig um Vergebung. Ich nehme mich jetzt vollständig an. Ich verzeihe mir und bitte alle Betroffenen, mir auch zu verzeihen. Ich bin jetzt bereit, bewusst zu denken, bewusst zu sprechen und bewusst zu handeln. Ich liebe mich, so wie ich bin. Ich danke für die Erkenntnis und ich danke für das Wunder der Heilung.

Praktische Anwendung

In vier Schritten zur Lösung

In diesem Kapitel wollen wir die vier Schritte eines Ho'oponopono genauer betrachten, nämlich:

1. Die Verbindung zur Absoluten Wahrheit durch das Gebet – Pule
2. Das Betrachten und Annehmen des Problems – Mahiki
3. Das wechselseitige Vergeben – Mihi
4. Das Loslassen des Problems – Kala

Stellen Sie sich einfach vor, Ihre gesamten Erinnerungen – die Erinnerungen aller Leben – sind wie die Daten auf der Festplatte eines Computers gespeichert. Ihre destruktiven Gedanken, Vorurteile und Wunden der Vergangenheit wirken wie Viren und Trojaner. Sie machen Ihren Mac oder PC langsam, führen zu falschen Ergebnissen, und die Systemabstürze häufen sich. Mit dem Gebet (Schritt 1) wird das Anti-Virenprogramm gestartet. In der Diskussionsphase (Schritt 2) werden daraufhin alle

Viren und Trojaner identifiziert, durch das Entschulden, Verzeihen und Vergeben (Schritt 3) kommen die Störprogramme in Quarantäne, und mit dem Befehl Loslassen (Schritt 4) schließlich löscht das oberste Betriebssystem, das Göttliche in Ihnen, alle Viren und Trojaner von der Festplatte.
Was bleibt, ist ein Protokoll in Form Ihrer reinen Erfahrungen. Zum Beispiel jene Erinnerung: Ja, X hat mich betrogen, doch ich habe ihm vergeben. Sein Betrug stört meine Beziehungen zu Y und Z nicht mehr. Oder: Ja, ich habe die Erfahrung von Angst und Verzweiflung gemacht, aber die damit verknüpfte Unsicherheit ist gelöscht. Ich kann mich jetzt in jeder Situation bewusst entscheiden.

1. Das Gebet und die Verbindung – Pule

Jede Ho'oponopono-Sitzung beginnt und endet mit einem Gebet: Es bildet den geistig-spirituellen Rahmen. Vergebung beinhaltet immer eine geistig-spirituelle Komponente, denn wir geben etwas rein Geistiges aus dem Herzen heraus. Ein Gebet ist ein Gespräch, ein Dialog mit Gott und den Engeln. Wir beten, und die geistige Welt antwortet. Im traditionellen Ho'oponopono betet man zu den Vorfahren: Aumakua. Von ihnen haben wir bewusst und unbewusst gelernt. Ganze Schicksale werden an nachfolgende Generationen weitergegeben und vererbt. Wie in einer Familienaufstellung stehen die Ahnen in einer langen Reihe hinter uns und geben ihren Segen, dass wir es besser machen, unseren Weg gehen und unsere Familie vielleicht von einer großen Last, einem Störprogramm, einem Ahnenmuster oder gar einem Fluch befreien.

Auch das Höhere Selbst, das Überselbst und der Botschafter Gottes im Herzen wird Aumakua genannt, und in der alten Zeit war Aumakua die Schutzgottheit der Familie. Ke Akua oi'a'io – Gott –, die Engel, die Ahnen und das Höhere Selbst möchten uns helfen und freuen sich über unser Wachsen. Durch unser Gebet geben wir das Zeichen, dass wir um Führung und Hilfe bitten und dass wir unsere schädigenden Muster und Programme, die übernommenen Glaubenssätze und unser leidvolles Verhalten hinter uns lassen möchten – wir sind bereit und danken für die Transformation und das Wunder.

Von unsichtbaren Grenzen

Kennen Sie das Geräusch, wenn eine Fliege von innen gegen eine Fensterscheibe fliegt – dieses helle, kurze Klopfen gegen die Scheibe? So wie eine Fliege nach draußen möchte und die Fensterscheibe einfach nicht wahrnimmt, so erging es auch mir (Ulrich). Ich wollte frei sein, ja, ich kann mich an keine Zeit erinnern, da ich keinen Durst nach Selbstbestimmung hatte, doch ich stieß, so schien es mir, an unsichtbare Grenzen. So wie eine Fliege das Licht dort in der Ferne sieht, so glaubte auch ich einen Ausgang zu erkennen und rannte gegen unsichtbare Wände. Wie die Fliege eine Gefangene im Zimmer ist, so war ich ein Gefangener meines Denkens. Meine Konzepte waren die Steine und meine Muster der Mörtel, aus denen ich mein Zimmer errichtet hatte.

Wie kommt die Fliege nach draußen, liebe Leserinnen und liebe Leser? Genau, jemand muss ihr das Fenster öffnen. Ein Wesen aus einer höheren Dimension, ein rettender Engel muss kommen und das Fenster aufmachen. Sie und ich, wir sind für eine kleine Fliege ein Wesen aus einer höheren Dimension. Wir öffnen das Fenster, und manchmal versteht die Fliege gar nicht, dass es jetzt in die Freiheit geht.

Die gesamte geistige Welt sieht unsere Bemühungen – unser Klopfen –, und wir haben auch den freien Willen, unsere Problematik mit unseren eigenen Möglichkeiten zu lösen oder uns an unser Höheres Selbst zu wenden. Mit Gott ist alles möglich. Er kann uns Inspiration und Entschlossenheit verleihen oder er lässt die Situation ganz einfach und auf unerwartete Art und Weise verschwinden.

Nicole, eine Freundin, übernachtete im einzigen Hotel am Ort. Die Bettwäsche war aus Kunstfasern, und das war ihr sehr unangenehm. Sie fragte mich, was sie für die Zukunft tun könne, und ich meinte: »Mach doch ein Ho'oponopono«. Als Nicole das nächste Mal anreiste und das Hotel buchen wollte, war es geschlossen: Auch das ist eine Lösung.

Ohne die Verbindung zu einer höheren Instanz mögen wir auch unsere Probleme lösen, zum Beispiel durch viel Arbeit, Ehrgeiz, Kraft oder Leistung, aber mit der Hilfe der geistigen Welt geht es einfacher. Das Universum ist immer bereit zu helfen, genauso wie liebevolle Eltern ihren Kindern behilflich sind.

Zu Beginn des Ho'oponopono beten und danken wir für die Kraft und den Mut, die Wahrheit zu hören und die Wahrheit zu sprechen. Wir beten und danken für die Kraft, ruhig zu bleiben und in Liebe zu dienen. Man bittet um Erinnerungsvermögen, damit alles gesagt wird und nichts zurückbleibt. Haben Sie Vertrauen und beten Sie einfach. Im Anhang finden Sie zur Inspiration drei Gebete (Seite 210).

2. Was ist denn das Problem? – Mahiki

Im zweiten Schritt geht es um die Herausforderung und alles und jeden, der damit zu tun hat. Das Problem wirklich zu identifizieren und genau herauszufinden worum es »eigentlich« geht, können wir mit dem Schälen einer Zwiebel vergleichen. Schale um Schale, ganz dünn und durchsichtig, kann man abziehen. Genau das ist Mahiki. Wir alle haben eine Idee davon, und unsere Erfahrungen zeigen, dass das Hindernis, so wie es sich uns in den Weg stellt, häufig gar nicht das Problem ist. Was sich da vor uns auftürmt, ist nur die Spitze eines Eisberges. Vier von fünf Teilen des Themas liegen unter Wasser, im Unterbewusstsein und im Verborgenen – aber genau dagegen ist unser Schiff gestoßen und ist vielleicht sogar leckgeschlagen.

Kennen Sie diese Situation, in der jemand etwas Banales sagt, doch Sie regen sich gleich auf? Denken Sie bitte daran, es kommt nicht darauf an, was jemand sagt, sondern wie Sie darauf reagieren, und damit wir und Sie nicht wie die Titanic untergehen, wenn jemand unseren roten Knopf drückt, folgt die Diskussions- und Findungsphase. Das Problem und die Missetat (hawaiianisch Hala) binden Täter und Opfer fest zusammen. Beide haben jetzt eine Beziehung, die es ohne die Vorkommnisse gar nicht gäbe. Es ist ihre karmische Beziehung. In dieses Drama werden allgemein noch andere Menschen hineingezogen und diese Beobachter haben dann auch etwas zu lösen.

Gleich mehrere Kommunikationsprobleme auf einmal

Michael und Karola stritten immer häufiger. Michael zog aus der gemeinsamen Wohnung aus, und so fuhr Karola zu ihrer Freundin Gundi, um abzuschalten und Trost zu finden. Ihr Aufenthalt wurde allerdings etwas länger als geplant: »Karola schläft jetzt schon seit acht Wochen bei uns im Wohnzimmer auf der Couch«, klagte Gundi. Der Konflikt zwischen Michael und Karola hatte sich also ausgeweitet. Jetzt hatte auch Gundi ein Problem, und nicht nur sie, sondern darüber hinaus noch ihr Freund Stefan und die beiden Kinder. Es wurde nämlich eng, und doch mochte man die gute Freundin in ihrer schweren Zeit nicht einfach vor die Tür setzen und bitten, in ihrer eigenen Wohnung zu wohnen. Da passierte das Malheur: Karola verstauchte sich den Fuß und hatte jetzt sozusagen ein ärztlich verschriebenes »Couching«: weitere drei Wochen auf dem Sofa! Gundi bat um eine Einzelsitzung. Jede Situation und jede Begegnung hat eine Botschaft. Wir untersuchten mit Gundi alle Anteile, die sie fesselten, nicht vorwärts kommen ließen, wo sie sich auch ausbreitete, wo es Enge gab, wo man nicht über die

Bedürfnisse sprechen konnte, wo Geben und Nehmen nicht im Ausgleich waren usw., damit sie die Botschaft entschlüsseln konnte, dass sie diese Situation selbst kreiert hatte. Die karmische Verbindung durch Ursache und Wirkung sollte gefunden werden und unter dem Gesetz der Gnade erlöst werden. Die zentrale Frage lautete: Was ist in mir, dass ich diese Situation in meinem Leben manifestiert habe?

Das ist das Besondere an Ho'oponopono. Statt das Problem dem anderen vorzuwerfen und darauf zu bestehen, dass der andere sich ändert, bleiben wir ganz bei uns und versuchen zu verstehen, was es hier zu lernen und zu heilen gibt.

Wir machten ein langes Ho'oponopono mit folgendem Ergebnis: Am nächsten Tag rief Gundi an und berichtete, dass Karola beim Arzt gewesen sei. Dieser hatte ihr eine dreiwöchige Kur verschrieben, und es war gerade noch ein Platz frei gewesen – Karola konnte gleich einsteigen.

Aus Zuschauern werden häufiger Opfer, als wir auf den ersten Blick vermuten. Immer wenn Eltern sich streiten, werden aus den Kindern – jene, die zuschauen und zuhören – Beteiligte. Sie haben dann einen Anteil am Problem der Eltern. Wir alle tragen Anteile an den Problemen unserer Eltern mit und in uns. Manche Menschen machen es sich einfach und sagen, die Eltern seien schuld an ihrer misslichen Lage. Das Problem wird dann auf jemand anderen geschoben, doch gelöst werden die Probleme erst, wenn wir die Verantwortung dafür selbst übernehmen. Die Schuld bei anderen zu suchen, ist leicht und macht es uns scheinbar einfach. Doch es bringt uns nicht weiter, und die Problematik ist vielschichtig. Es bleibt sozusagen unsere »Baustelle«. Die Frage nach dem Warum beispielsweise führt häufig nur zu noch mehr Problemen, und im Gehirn werden dann feste Verdrahtungen angelegt, warum eine Beziehung vielleicht schiefgehen musste. Im Ho'oponopono fragen wir deshalb nicht, warum jemand schuld ist, sondern immer, wie wir in unsere Mitte kommen können und die Harmonie und den Frieden wieder herstellen. Wir übernehmen zu hundert Prozent Verantwortung für die Heilung der Beziehung und gehen davon aus, dass der Frieden immer bei uns selbst beginnt.

Wie wir wissen, basiert Ho'oponopono auf dem Verständnis, dass alles miteinander verbunden ist. Wir haben ein soziales Umfeld – in der Familie, in der Arbeit, in unserer Stadt, in unserem Land, in Europa ... Die Menschen und überhaupt alle Lebewesen sind wie eine große Familie miteinander verbunden. Wie sich die Dinge beeinflussen, wie vielschichtig ein Problem sein kann und wie aus unschuldigen Beobachtern Opfer werden, erzählen wir Ihnen in der folgenden Geschichte.

Wenn ein Mitglied der Familie unglücklich ist, ist die ganze Familie unglücklich!

WEISHEIT AUS HAWAII

Von weinenden und lachenden Flusspferden

Obwohl wir alles richtig (Pono) machen wollen, sind wir doch indirekt und direkt daran beteiligt, den Lebensraum von Mensch und Tier zu Land und zu Wasser zu zerstören. Wir können uns der Botschaft verschließen, aber die Tatsache und die Konsequenzen für uns bleiben: Jeder von uns ist mitverantwortlich am Tod vieler Tiere und Menschen. Wenn ein Baumwoll-Bauer in Asien Selbstmord begeht – indem er den letzten Rest seiner Pestizide trinkt –, da er vom Verdienst der umgerechnet etwa 30 Euro im Monat seine Familie nicht mehr ernähren kann, dann haben wir als Importstaaten einen Anteil daran. Alles ist miteinander verbunden. Obwohl wir aus Überzeugung vieles nicht unterstützen, sondern sogar mit Bestimmtheit ablehnen, gefährden wir als Verbraucher ganze Kulturen und Länder. Bewusst oder unbewusst, willentlich oder nicht willentlich sind wir an den Problemen der Länder in der sogenannten Dritten Welt beteiligt. Früher weit weg, beeinflusst die Umweltzerstörung allerdings inzwischen unser aller Leben. Ein bewusstes und verantwortungsvolles Handeln ist also wünschenswert.

Beim Lesen einer Ausgabe des Regenwald-Reports fand ich (Andrea) ein typisches Beispiel, wie der Verstoß gegen die kosmischen Gesetze der Harmonie – Nehmen und Geben im Einklang – Not und Leid erzeugt:

Der Kunde ist König, und um dem Trend des rasant steigenden Zuckerverbrauchs gerecht zu werden, setzt man statt auf die heimische Zuckerrübe auf die Zuckerrohrpflanze. Die wächst im feuchtwarmen Klima, und die großen Konzerne suchen nach neuen Anbaugebieten. Ein Objekt der industriellen Begierde war bis vor kurzem das Delta des Tana-Flusses in Kenia mit einer einzigartigen Tierwelt und reichlich Wasser für Mensch und Tier. Dort leben mehr als 350 Vogelarten, seltene Primaten, Amphibien, Reptilien und Flusspferde. Es ist die Heimat Tausender Bauern, Fischer und Hirten. Dieses Land sollte von der Regierung an die Zuckerindustrie verkauft und in Monokultur-Plantagen umgewandelt werden. Man plante, Bewässerungskanäle zu ziehen. Auf diese Weise wäre aber Mensch und Tier das Wasser entzogen worden und der Lebensraum der Flusspferde, Reptilien, Bauern und Fischer verschwunden. Doch der Protest der internationalen Gemeinschaft konnte das Kollabieren des ganzen Ökosystems verhindern. Hier gab es also einen positiven Ausgang. Aber anderswo?

Wir laden Sie deshalb ein, immer wieder ein Ho'oponopono zu machen, um für globale Zusammenhänge sensibel zu werden. Durch ein bewusstes Einkaufen verringern wir nicht nur das Leid aller Beteiligten, sondern gelangen gleichzeitig zu einer ganz neuen Lebensqualität: Genuss und Freude sind dann nicht mehr auf dem Unglück anderer aufgebaut.

Ihre Ho'oponopono-Bonus-Übung

1. Suchen Sie bitte Ihre Anteile und Ihre Mitverantwortung am Leid von Mensch und Natur in Afrika. Notieren Sie mindestens zehn Punkte (Sie finden Informationen in Zeitungen und im Internet). Die gleiche Übung können Sie natürlich auch mit Produkten aus anderen Gebieten machen, in denen Menschen und Tiere die Lebensgrundlage verlieren.
2. Machen Sie zu jedem Punkt ein Ho'oponopono, indem Sie sich verbinden, bewusst werden, vergeben, loslassen und neue konkrete Ziele ins Auge fassen. Die zentrale Frage lautet: Welches Konsumverhalten habe ich, durch das die Zerstörung der Umwelt gefördert wird?
3. Schreiben Sie bitte drei konkrete Schritte auf, die Sie persönlich unternehmen, um den Lebensraum und die Kultur anderer unangetastet zu lassen.

3. Über das wechselseitige Vergeben – Mihi

Der dritte Schritt in unserer Präsentation des Ho'oponopono beinhaltet das Entschulden, Verzeihen und Vergeben. Beim Entschulden geht es durchaus auch um die rein materielle Ebene. Wenn Sie jemandem Geld schulden, reicht es nicht aus zu sagen: »Es tut mir leid, bitte verzeihe mir, ich liebe dich und danke.« Das, was wir anderen schuldig sind, müssen wir zurückgeben – in diesem oder in einem anderen Leben. Wenn wir jemanden beleidigt haben, entschuldigen wir uns mit Worten, einem Brief und mit Blumen. Es gibt dafür keine klaren Regeln, nur Erfahrungswerte, und jeder kann in sich hineinspüren und weiß dann schon, was stimmig ist. Wenn Sie wegen irgendeiner alten Geschichte noch Schuldgefühle haben, dann entschuldigen Sie sich. Machen Sie den Anruf, und falls die Person nicht

mehr lebt, dann schreiben Sie einfach einen Brief, in welchem Sie um Vergebung bitten. Schreiben Sie sich alles von der Seele. Diesen Brief können Sie dann in einem kleinen Ritual verbrennen, auf den Friedhof bringen oder mit dem Absender »Ich« und ordnungsgemäß frankiert in einen Briefkasten einwerfen. Vielleicht liest ihn jemand und vergibt Ihnen. Solche Briefe sind enorm wirkungsvoll. Wichtig ist dabei, dass Sie sich selbst vergeben und die Angelegenheit dann loslassen.
Jörn erzählte von seinem Erlebnis: »Ich hatte mich mit meinem Vater heftig gestritten, und wir sahen uns nie wieder – er starb bei einem Verkehrsunfall. Das belastete mich viele Jahre, bis ich so einen Brief schrieb. Ich weiß, er hat mir verziehen, und ich mir auch. Seither achte ich darauf, mich mit meiner Frau und meinen Kindern ganz schnell zu versöhnen, wenn wir gestritten haben. Das ist bei uns wichtig, bevor jemand aus dem Haus geht.«

Bevor die Sonne untergeht,
vergib.

SPRICHWORT AUS HAWAII

Manchmal findet das Verzeihen nur auf der intellektuellen Ebene statt. Manche Menschen wundern sich, wenn sie »Ich verzeihe dir« sagen und dabei nichts fühlen. Auch das ist gut. Dieses Vergeben über den Verstand ist ein wichtiger Schritt, denn er beinhaltet das Verstehen. Erst wenn ich verstehe, dass ich unter ähnlichen Voraussetzungen genauso handeln würde, bin ich bereit, wirklich zu vergeben.

Großer Geist, bewahre mich davor,
über einen Menschen zu urteilen,
ehe ich nicht zwei Wochen in seinen
Mokassins gegangen bin.

LACHENDER FUCHS, SIOUX-HÄUPTLING

Nach dem Entschulden und dem verständigen Verzeihen folgt die nächste Stufe: das Vergeben aus dem Herzen. Waren wir Täter, bitten wir aufrichtig um Vergebung, und waren wir Opfer, vergeben wir uns selbst, uns in diese Situation gebracht zu haben. Wenn wir Verantwortung für die Herausforderungen in unserem Leben übernehmen, dann vergeben wir jenem

Persönlichkeitsanteil in uns, der dieses Problem für uns und andere erschaffen hat. Wir sind also in gewisser Hinsicht nie Opfer und auch nie Täter, sondern schöpferische Wesen mit einem freien Willen und Entscheidungskraft. Wenn Sie sich überfordert fühlen, dann gibt es einen Teil in Ihnen, der zu viel fordert – von Ihnen und von anderen. Wenn Sie sich provoziert fühlen, dann gibt es einen Teil in Ihnen, der auch andere provoziert und wütend macht. Wenn Sie sich nicht gesehen fühlen, dann gibt es einen Teil in Ihnen, der anderen wenig Anerkennung schenkt, und etwas in Ihnen selbst vernachlässigt Sie. Wenn Sie sich ausgebeutet fühlen, dann gibt es einen Teil in Ihnen, der andere ausgebeutet hat. Und etwas in Ihnen gönnt sich selbst nichts. Mit dem Satz »Ich verzeihe mir« sprechen wir in uns diese destruktiven Persönlichkeitsanteile an, die uns in diese Schwierigkeiten gebracht haben.

Die Abmahnung

Wenn man Günther kennt, steht man einem netten, fröhlichen und aufgeschlossenen Menschen gegenüber. Günthers Kollegen sahen das hingegen ganz anders. Günther arbeitet in einer sozialen Einrichtung. Wie er uns beschrieb, war es seine Natur, die Kollegen zu kontrollieren, Fehler zu finden, auf Unzulänglichkeiten hinzuweisen, alles besser zu wissen und so weiter. Mit einem Grinsen beschrieb er sich als anstrengend, und die Leute in der Firma machten einen Bogen um ihn. Irgendwann bekam er dann die Rechnung dafür in Form einer Abmahnung. Selbst daran hatte er noch etwas auszusetzen: zum Beispiel ein paar Rechtschreibfehler.

Günther machte zwei Kurse bei uns und berichtete später, wie sich in seiner Arbeit alles gewandelt habe. Er freute sich, einen Schlüssel gefunden zu haben. »Ja, ich wusste alles über Konfliktlösungen, Liebe und Vergebung, theoretisch, doch jetzt kann ich es praktisch. Die Meetings verlaufen friedlich. Wir sind jetzt ein Team.« Er hatte seine Kollegen einfach gesegnet, sich im Herzen mit ihnen verbunden und immer wieder die vier Sätze des Ho'oponopono im Geiste wiederholt. In Seelenbriefen hatte er um Vergebung für all seine Kritik gebeten. Statt Ratschlägen gab er hier und da nur noch einen Tipp, ließ andere ihre eigenen Erfahrungen machen und wurde nun sogar nach seiner Meinung gefragt. »Ein Wunder ist geschehen«, sagte Günther.

Ihre Ho'oponopono-Meditation

Es tut mir leid, was geschehen ist. Ich übernehme für mich und mein Handeln zu hundert Prozent Verantwortung. Ich verzeihe mir meine Fehler. Ich habe mein Bestes getan. Heute weiß ich es vielleicht besser. Ich lerne. Ich verzeihe mir, dass ich mich in diese Situation gebracht habe. Ich lerne durch Erfahrung und verzeihe mir, dass ich mich und andere bewusst oder unbewusst verletzt habe. Ich danke für die Heilung von meinen Schuldgefühlen. Ich danke für die Weisheit und die Führung, die mir helfen, den richtigen Weg zu erkennen und zu wählen. Danke für das Wunder der Vergebung.

4. Das Loslassen und Lösen – Kala

Die Hawaiianer sehen in der Verbindung zwischen Opfer und Täter ein dickes Seil – Aka. Täter und Opfer sind fest durch das Drama und alle Beziehungsebenen und Verletzungen in ihren verschiedenen Inkarnationen und jenen der Ahnen miteinander verbunden wie ein gordischer Knoten aus unzähligen ineinander verdrillten Fäden. Alle Beteiligten wünschen sich Kalana: die Freiheit. Im Loslassen werden alle negativen Verbindungen gelöscht. Das Opfer muss den Täter loslassen und umgekehrt muss der Täter das Opfer loslassen.

Eine andere Übersetzung von Aka lautet Geschmack. Jedes Problem hat einen ganz eigenen Geschmack und auch jede Beziehung. Manche Beziehungen sind süß, andere eher trocken oder salzig. Vielleicht ist eine Beziehung eine romantische Mischung aus scharf und süß, denn Liebe geht bekanntlich durch den Magen. Die Beziehung, von der wir Ihnen gleich berichten, hatte für Uwe einen bitteren Nachgeschmack.

In den 1980er-Jahren übernachtete Uwe bei Paul und Viola. Am Morgen verabschiedete er sich, und einige Tage später erzählten ihm gemeinsame Freunde, sie hätten von Paul gehört, dass seit seinem Besuch 100 D-Mark aus Pauls Jacke fehlten. Er war entsetzt, dass man ihn des Diebstahls verdächtigte. Einige Freunde wendeten sich ab, andere waren unschlüssig. Er beteuerte seine Unschuld, doch der bittere Geschmack von Enttäuschung, Scham und Misstrauen blieb.

Wann immer sich Uwe nun ungerecht behandelt fühlte, platzte die alte Verletzung wieder auf und er reagierte wütend. Die Wunde heilte nicht, und es wurde Zeit, sich und den anderen zu vergeben.

Dieses Erlebnis führte bei Uwe auch dazu, dass er es seither vermied, Menschen zu verdächtigen oder zu beschuldigen. Er hielt sich mit seinem Urteil zurück und ersparte sich und anderen auf diese Weise manchen Kummer.

Es ist eher hinzunehmen, dass ein Schuldiger freigesprochen wird, als dass ein Unschuldiger verurteilt wird.

VOLTAIRE (PHILOSOPH, 1694–1778)

Wenn Paare einander Vorwürfe machen

Wir alle kennen Situationen, in denen wir uns ungerecht behandelt fühlten. Doch stimmt das wirklich? Sind wir das arme Opfer, oder hatten wir zum Beispiel ein schlechtes Gewissen und haben deshalb eine Situation angezogen, in welcher wir beschuldigt werden? In vielen Gesprächen fanden wir heraus, dass – gerade wenn Paare sich gegenseitig kritisieren – es vor einer Anschuldigung einen auslösenden Gedanken der Selbstanklage gab. Man hatte also schon vorher ein schlechtes Gewissen gehabt.

Ihre Ho'oponopono-Übung zur Vergebung

Rufen Sie sich eine Situation ins Gedächtnis, in der Sie ungerecht behandelt wurden, und fassen Sie diese in zwei Sätzen zusammen.

(Name) .... hat mir vorgeworfen, dass ich .... Ich fühlte mich ....

Bringen Sie es auf den Punkt und stellen Sie sich dann folgende Frage:

Wenn ich mich so verhalten würde wie .... (Name des Täters), warum würde ich das tun? Spüren Sie in Ihr Herz und seien Sie ganz ehrlich sich selbst gegenüber. Notieren Sie alle Beweggründe.

Umarmen Sie jetzt jeden destruktiven Persönlichkeitsanteil in sich, der sich genauso verhalten würde, und sagen Sie

ganz bewusst: Es tut mir leid. Sagen Sie zu diesem Teil in Ihnen: »Ich liebe dich«, und spüren Sie erneut in Ihr Herz. Hat sich der Geschmack verändert? Sagen Sie jetzt bitte: »Ich verzeihe dir und ich verzeihe mir.« Verzeihen Sie sich und dem Täter bedingungslos. Sagen Sie jetzt ganz bewusst und aus dem Herzen heraus: »Ich vergebe dir!« und lassen Sie los. Atmen Sie dabei aus. Im letzten Schritt sagen Sie: »Danke für die Vergebung, danke für die Heilung, danke für das Wunder«, und übergeben Sie die Angelegenheit Gott.
Stellen Sie sich dann folgende Fragen: Welches schlechte Gewissen ist in mir, dass ich diese Kritik angezogen habe? Was habe ich getan und mir noch nicht vergeben? Wann habe ich selbst kritisiert? Wen versuche ich zu bestrafen? Machen Sie dazu ein Ho'oponopono und vergeben Sie sich. Das Loslassen ist der Abschluss der Vergebung. Sie sind frei. Statt auf jemanden zu reagieren, sind Sie nun ein Beobachter, der bewusst agieren kann. Aber Vorsicht vor dem Hochmut: Nachdem Sie jemandem vergeben haben, dürfen Sie die Geschichte nicht mehr ausgraben. Eine Übersetzung von Kala lautet auch Freiheit, und was wäre das für eine Freiheit, wenn wir zwar vergeben, aber nicht vergessen wollen und die Geschichte immer wieder aufwärmen? Deshalb gibt man die Angelegenheit jetzt in höhere Hände, dem Universum und dem Göttlichen, und alle Anteile an Negativität werden gelöscht.

Verantwortung – Das Geheimnis für ein erfolgreiches Ho'oponopono

Früher fing man Affen für den Zoo in Afrika und Indien, indem man einen alten Baum oder einen Termitenhügel suchte und dort ein Loch hineinbohrte. Dieses Loch war so groß, dass man gerade mit einer Hand armtief hineingreifen konnte. Am Ende vergrößerte man den Gang etwas und legte eine Banane hinein. Das Ganze machte man möglichst auffällig, sodass es alle Affen der Umgebung mitbekamen. Der Affenfänger entfernte sich und wartete. Irgendwann kam dann ein besonders neugieriger Affe und griff hinein, um sich das Objekt seiner Begierde zu holen. Jetzt hatte er also die Banane in der Hand, doch, oh Schreck, er konnte die Hand nicht mehr herausziehen! Jedenfalls nicht, solange er die Banane festhielt. Der Affe fing nun an zu schreien und zu toben, bis er irgendwann einem Nervenzusammenbruch nahe war. Schon nahte der Tierfänger mit einer Decke, und es wurde Nacht um den Affen.

Ich (Ulrich) erinnere mich, dass ich einmal genauso wie diese Affen eine Beziehung nicht loslassen konnte. Sie kennen das vielleicht auch. Manche Menschen können ihre Arbeit und die Firma nicht loslassen. Andere können ihre zweifelnden und bedrückenden Gedanken nicht loslassen. Viele Menschen bleiben in der Vergangenheit stecken, weil sie nicht loslassen wollen.

Wem, glauben Sie nun, gibt der Affe die Schuld an seinem Unglück? Genau, der Banane, die nicht herauswill, oder dem Baum, der sie nicht herauslässt. Wie oft geben wir die Schuld anderen?! Unserem Partner, dem Chef, den Kunden usw.

Je mehr wir bereit sind, Verantwortung für die Probleme und Schwierigkeiten in unserem Leben zu übernehmen, umso erfolgreicher wird unsere Ho'oponopono-Konferenz oder unser persönliches Vergebungsritual. Wenn Menschen sagen: »Damit habe ich nichts zu tun«, warum haben sie dann das Problem? Denken Sie einfach: »Das Problem ist zu mir gekommen, und deshalb habe ich etwas damit zu tun.« Öffnen Sie sich für diese Möglichkeit und suchen Sie nicht die Schuld gleich beim anderen.

Ihre Ho'oponopono-Bonus-Übung

Denken Sie bitte an eine Person oder eine Institution, der Sie die Schuld an einem bestimmten Problem geben. Hier ein paar mögliche Täter: der Partner, der Chef, die Eltern, die Bank, der Arzt, der Papst, Gott, das Finanzamt, die Schule, der Kindergarten, der Ex-Mann oder die Ex-Frau, eine Behörde, der Staat, die Politiker, ein Nachbar, eine Kollegin usw.

Haben Sie jemanden gefunden? Gut. Er oder sie ist also schuld, dass es Ihnen nicht gut geht. Wenn er oder sie sich ändert, dann würde es Ihnen besser gehen. Richtig? Ihr Wohlbefinden hängt also von jemand anderem ab. Wie wahrscheinlich ist es, dass er oder sie sich ändert? Antwort:

....

Was ist, wenn er oder sie sich nicht ändert?

Antwort: ....

Von der Ohnmacht zur Macht

Sobald wir unser Wohlbefinden von jemand anderem abhängig machen, besitzen wir null Prozent Macht, denn wir haben ja alle Macht abgegeben, mit deren Hilfe wir etwas ändern könnten. Der andere kann oder mag sich vielleicht gar nicht ändern. So ist es in den meisten Fällen, und was dann?

Wechseln Sie jetzt bitte von null Prozent Macht zu hundert Prozent Macht. Erwägen Sie, dass Sie die Macht haben, sich selbst zu ändern, und damit sieht die Angelegenheit schon ganz anders aus. Sobald wir bereit sind, für die Angelegenheiten in unserem Leben Verantwortung zu übernehmen, besitzen wir auch die Macht, etwas zu verändern. Das kostet häufig Mut, Überwindung und Kraft. Genauso wie eine Rakete beim Start die meiste Energie und die größte Menge an Treibstoff benötigt, so brauchen auch wir viel Kraft, um uns den ungewohnten Aufgaben zu stellen. Beten, bitten und danken Sie für die geistige Unterstützung und haben Sie Vertrauen. Je mehr Sie bereit sind, Verantwortung für Ihr Leben zu übernehmen, umso mehr Hilfe erhalten Sie.

Die drei Selbste

Das Ziel von Ho'oponopono ist der innere Frieden: Glück, Freude, Wachheit und Verbundenheit in uns zu spüren. Glück und Erfolg werden mit einem großen fließenden Wasser verglichen. Die alten Hawaiianer sagten Wai Wai, der große Fluss des Lebens, und meinten damit das mühelose Erreichen von materiellem und spirituellem Reichtum. Dieser mit Heiterkeit verbundene Erfolg stellt sich ein, wenn die innere Familie, die drei Selbste, am gemeinsamen kosmischen Plan zusammen arbeitet – an dem Plan, der das Wohl aller Lebewesen beinhaltet. Im ersten bekannten psychologischen Gespräch der Weltgeschichte, der altindischen Bhagavad Gita, erklärt Gott Krishna seinem Freund Arjuna das erstrebenswerte Ziel des Lebens und wie man es erreicht: »Derjenige erfährt Glück und Frieden, der sein Herz reinigt, seine Pflichten erfüllt und sich mit dem Höchsten verbindet.« Ich (Andrea) habe von meinem Ayurveda-Arzt gelernt, dass die erste Krankheit, welche in der Vorzeit beim Menschen beobachtet wurde, eine Art Fieber war. Dieses Fieber war das Symptom eines Neides, geboren aus Gier, und führte zu einer Verspannung im Körper, so dass die Körpertemperatur leicht anstieg. Nachdem die Menschen vor sechstausend Jahren die Paradiese verlassen hatten und in dörflichen Gemeinschaften Schutz suchten, hatten einige aus Faulheit ihre Pflichten gegenüber dem eigenen Leben vernachlässigt, was dann eine Verschlechterung ihrer Lebensqualität mit sich brachte. So wurden sie eifersüchtig und neidisch auf jene, welchen es besser ging. Die Untugendhaften suchten den Fehler bei den Tugendhaften.

Ist Ihnen auch schon aufgefallen, wie häufig man mit sich selbst und anderen unzufrieden ist, wenn man nicht das macht, was man für richtig und vernünftig hält? Das zeigt sich in unseren Schuldgefühlen, in einer Opferbereitschaft, Krankheit, Reizbarkeit, in mangelndem Selbstbewusstsein und Selbstvertrauen. So schrieb der Forscher, Dichter und Philosoph Johann Wolfgang v. Goethe: »Es ist nicht genug zu wissen, man muss auch anwenden. Es ist nicht genug zu wollen, man muss auch tun.« Wie wollen wir also Frieden in unserem Leben und in der Welt bewirken, wenn wir mit uns selbst Krieg führen und nicht das tun, was wir nach unserem eigenen Wissen tun müssten?

Lassen Sie uns, liebe Leserin und lieber Leser, gemeinsam zurückgehen – dorthin, wo es begann: Als die Engländer unter Captain James Cook 1778 Hawaii erreichten, waren sie sehr überrascht über die Schönheit und völlige Gesundheit der Einwohner. Wie kam es, dass diese »Primitiven« in einem Paradies lebten, kaum arbeiteten, aber alles zum Leben Notwendige besaßen und glücklich, schön und gesund waren? Ihre Religion, Gebräuche und Gesänge verstand man nicht, und so gab man ihnen unter anderem Missionare, neue Sitten, westliche Kleidung und nicht zuletzt Krankheiten. Jeder gibt eben das, was er hat.

Genauso wie es eine äußere Familie gibt (wir sind Kind und haben Eltern), so gibt es auch eine innere Familie: das Höhere Selbst, das Mittlere Selbst und das Untere Selbst. Wir können es mit den Begriffen Überbewusstsein, Bewusstsein und Unterbewusstsein vergleichen. Unsere Persönlichkeit ist umso ausgewogener, stärker und klarer, je stimmiger die Verbindung zwischen diesen drei Selbsten ist. So wie wir uns eine harmonische Beziehung mit unseren Eltern wünschen, um ausgeglichen zu sein, so wollen wir auch als Gesamtpersönlichkeit ein ausgezeichnetes Miteinander aller drei Bewusstseinsebenen erleben. Wenn wir zum Beispiel von unseren Eltern erwarten, dass sie uns annehmen, wie wir eben sind, so müssen wir auch unsere Eltern annehmen, wie diese eben sind. Wir müssen uns selbst und unsere Herkunft vollständig annehmen. Exakt wie wir erwarten, dass sich andere uns gegenüber verhalten, in gleicher Weise müssen wir uns auch *zu uns selbst* verhalten. Eine intensive Selbstbetrachtung und Innenschau sowie absolute Ehrlichkeit uns selbst gegenüber werden uns weit bringen.

Das Höhere Selbst, das Überbewusstsein – Aumakua

Es ist wie ein Botschafter Gottes, eine Art dauerhafte Telefonleitung zur Urquelle, die wir jederzeit bewusst nutzen können, um Hilfe zu bekommen. Jeder Mensch möchte von Natur aus gerne helfen, wenn er gefragt wird und helfen kann. Genauso können wir uns immer direkt an die Absolute Wahrheit (Ke Akua oi'a'io), Gott, Aumakua, Jehova, Allah, Krishna, Buddha, Shiva und alle Diener des Lichtes, die Erzengel, Jesus Christus, Mutter Maria, die Einhörner, die Feen und Elfen und andere wenden. Jeder im Universum möchte helfen, und die Maxime lautet einfach: Miteinander!

Das Höhere Selbst verwaltet unseren kosmischen Plan. Es hat vom Universum die Aufgabe bekommen, das Mittlere und das Untere Selbst in ihrem individuellen Wachstum so zu unterstützen, dass wir unseren kosmischen Plan erfüllen können: Es ist der Ruf der Seele. Unser kosmischer Plan und das Höhere Selbst führen uns zu Wahrheit, Weisheit, Gerechtigkeit, Mitgefühl, Verständnis, Annahme, Liebe, Schönheit, Kreativität, Inspiration, Intuition, Begeisterung, Enthusiasmus, Freude und Glückseligkeit.

Unsere Lehrerin Florence Scovel Shinn, eine Heilerin des letzten Jahrhunderts – sie heilte durch das gesprochene Wort –, sprach über das Konzept der drei Selbste und sagte: »Ich wünsche nur das, was die unendliche Intelligenz sich durch mich für mich wünscht. Ich beanspruche nur das, was mir nach göttlichem Gesetz gemäß der Gnade auf eine vollkommene Weise zusteht. Das, was wir von Gott bekommen, übertrifft immer alle unsere begrenzten Vorstellungen.« Florence Scovel Shinn spricht im völligen Vertrauen in die höhere Fügung. So wie Kinder Vertrauen in ihre Eltern haben, können auch wir dem Leben vertrauen. Sollten wir das Vertrauen verloren haben, ist jetzt der rechte Augenblick, es wiederzugewinnen. Das Leben ist ein Spiel und seine Regeln gründen auf einfachen kosmischen Gesetzen, von welchen wir einige hier auch im Buch beschreiben. Lassen Sie uns Gewinner statt Verlierer im Spiel des Lebens sein!

Hilfe kommt, wenn wir fragen und bereit sind, anders zu handeln. Unsere Entschlossenheit wird vom Leben geprüft. Kennen Sie solche Prüfungen des Lebens im Alltag? Wenn wir bereit sind, für die unerwünschten negativen Energien in unserem Leben Verantwortung zu übernehmen, und bereuen, dass wir oder unsere Ahnen in diesem oder in einem anderen Leben Schmerzen verursacht haben, kommt die Hilfe. Wir bitten demütig um die Läuterung und Erlösung von den niederen Schwingungen der Selbstvorwürfe, der Angst, des Neides, des Zornes oder des Hasses. Wir bitten darum, diese Feinde der Seele und des Körpers loslassen zu können. Möge alles in reines göttliches Licht verwandelt werden und aus dem Erinnerungsspeicher gelöscht werden, damit wir jede Situation vorurteilsfrei und mit neuen Augen betrachten können.

Damit die innere Familie, die Ohana, zusammenarbeiten kann, muss das Mittlere Selbst das Vertrauen des inneren Kindes durch Freundlichkeit und Empathie gewinnen. Nur so kann es die Stimme des Höheren Selbstes hören. Es geht nicht durch logisches Denken, sondern nur durch Gefühl, durch Symbole und Vertrauen. Kinder sind so, und das innere Kind als Pilot des Unterbewusstseins erst recht.

Das Mittlere Selbst, das Wachbewusstsein – Uhane

Es ist für alles verantwortlich, was wir willentlich oder wissentlich unternehmen, sei es in Gedanken, in Worten oder in Taten. Dabei ist es egal, ob wir bewusst oder unbewusst sind, ohne nachzudenken handeln oder berauscht sind. Alles, was passiert, basiert auf einer willentlichen Entscheidung des Mittleren Selbstes, und deshalb trägt der Mensch die Verantwortung für sein Handeln. Der Mensch hat einen freien Willen. Das ist es doch, was wir wollen, denn wer möchte schon dauernd gesagt bekommen, was man zu tun hat? Doch zusammen mit dem vollkommenen freien Willen hat uns Gott auch die Verantwortung für unser Handeln übertragen. Die Frage, warum Gott so viel Leid zulässt, ist also absurd. Das Leid verursacht der Mensch durch seine Gier, indem er nimmt und hortet, statt zu geben und die Energie fließen zu lassen. Je bewusster wir sind, desto einfacher wird es, das Wohlergehen aller zu berücksichtigen.

Uhane, das Mittlere Selbst, hat die Aufgabe zu entscheiden, was wir im Leben erreichen wollen und in welche Richtung wir gehen möchten. Bitte fragen Sie sich deshalb möglichst bei allen Ihren Entscheidungen: »Was sind meine konkreten Ziele und welche Bedürfnisse erfülle ich mir damit?« Zum Beispiel Sicherheit, Anerkennung, Freiheit, Liebe, Gesundheit, Frieden, Nähe usw.

Das Mittlere Selbst nutzt die linke Gehirnhälfte, um analytisch, logisch und sequenziell nachzudenken und Schlussfolgerungen zu ziehen. Durch die rechte Gehirnhälfte wandeln wir unsere Gedanken in Bilder und Symbole um, damit diese für das innere Kind (das Untere Selbst) verständlich sind. Ein Kind kann nichts mit abstrakten Begriffen anfangen, aber mit Bildern, mit Gefühlen, mit Singen und mit Tanzen. Das Mittlere Selbst entscheidet sich – meistens wenn es in Bedrängnis gerät – zu beten, um sich mit höheren Kräften zu verbinden. Alle Gedanken, welche wir länger als drei Sekunden halten, welche sich oft wiederholen oder welche mit starken Emotionen verbunden sind, dienen dann dem inneren Kind als eine Art Absichtserklärung und Kompass. Es glaubt, das sei etwas Erstrebenswertes, denn viel Aufmerksamkeit gibt man als schöpferisches Wesen nur dem, was man als wünschenswert betrachtet. Der Mensch sollte seine Worte deshalb nur zu drei Zwecken gebrauchen: um zu heilen, um zu segnen und um gedeihen zu lassen, wie ein altes Sprichwort sagt.

Das Mittlere Selbst ist für das innere Kind ein Lehrer und ein Vorbild. Es sagt, was erwünscht ist und welche gemeinsamen Ziele angestrebt werden. Es erzieht das innere Kind, programmiert es neu (zum Beispiel durch Gespräche, Malen, Schreiben, Vision-Boards, Ho'oponopono, EFT, Alpha- und Theta-Healing), und es tröstet vor allem. Es nimmt das innere Kind an, wie es ist, und zeigt Mitgefühl. Kein Gefühl wird abgelehnt, sondern es wird angeschaut. Das Geheimnis für den Erfolg lautet: Wir behandeln aus dem Mittleren Selbst heraus

das Untere Selbst genau so, wie wir uns wünschen, dass uns auch unsere Eltern behandelt hätten – mit viel Verständnis, Spiel, Freude, Lob, Belohnungen und gemeinsamen Unternehmungen. Wir müssen das Untere Selbst motivieren, dass es sich an den Zielen des Mittleren Selbstes beteiligt. Dieses muss genügend anziehende Gründe für das Unterbewusstsein finden, dass auch dessen Bedürfnisse erfüllt werden. Wie in einer Reklamesendung programmieren wir das Unterbewusstsein durch Bilder, Gefühle, nette und klare, positiv formulierte und eindeutige Worte im Sinne unseres Seelenvertrags und des kosmischen Plans.
Wenn wir mit uns unzufrieden sind, uns kritisieren, etwas auszusetzen haben, uns als klein, unfähig, dumm, langsam, unaufmerksam oder faul bezeichnen, programmieren wir damit auch das Unterbewusstsein. Dann verlieren wir an Kraft und sind demotiviert – so wie kleine Kinder, welchen man sagt, sie seien zu dumm, zu klein oder sie machten nichts als Fehler. Wir erreichen eben genau das, worauf wir uns konzentrieren und welche Bilder wir auf der Leinwand unseres Geistes erzeugen.

Das Unterbewusstsein, auch inneres Kind – Unihipili

Es kümmert sich um alle vegetativen Funktionen wie Verdauung, Atmung, Blutkreislauf usw. Es kennt alles, was wir je in diesem Leben gehört, gesehen, gespürt, geschmeckt oder gerochen haben, und speichert alle Informationen als positiv oder negativ ab. Je nachdem, was wir in einer Situation oder in einer Begegnung gefühlt haben, wird das Ereignis in einer Plus- oder

Minusschublade abgelegt. Wenn man als Kind zum Beispiel missbraucht wurde, wird Sexualität so lange als bedrohlich bewertet, bis es zu einer Neuprogrammierung des Unterbewusstseins durch eine entsprechende Therapie kommt.

Vielleicht haben Sie als Kind gehört, dass Geld stinke oder schmutzig sei, dass Reiche Diebe seien, und mit diesen solle man besser nichts zu tun haben. Ihre Speicherung wäre dann, dass finanzieller Reichtum gefährlich ist: »Ich werde keine Freude haben. Ich bin ein Dieb. Wenn ich Geld habe, nehme ich anderen etwas weg. Ich verliere die Anerkennung meiner Familie.« Das Unterbewusstsein wird dann aus Loyalität und in guter Absicht dafür sorgen, dass man sein Geld wieder verliert oder erst gar nicht dazu kommt. Wenn Sie also regelmäßig finanzielle Sorgen oder ein Loch im Sparstrumpf haben, untersuchen Sie bitte Ihre Kindheitserlebnisse und Ihren inneren Dialog im Hinblick auf Geld und Reichtum.

In unserem Anwender-Kurs »Berufung und Finanzen« geht es unter anderem um die Löschung dieser Programme. Marie, selbstständig, schrieb uns: »Nach dem Seminar habe ich jede Menge Ho'oponopono gemacht und mir vergeben, wo ich mir überall selbst im Weg stehe. Das Ergebnis war, dass ich in diesem Monat so viel Geld verdient habe wie noch nie in meinem Leben. Ich weiß gar nicht, wie das kam, denn ich habe viel weniger gearbeitet als sonst.«

Das Unterbewusstsein ist wie eine Art Mädchen für alles. Es kümmert sich rundum, kann keine eigenen Entscheidungen treffen, hat keine eigene Meinung und kann auch nichts selbstständig ändern. Das Wachbewusstsein ist der Herr, welcher sagt, was für uns gut und was für uns schlecht ist. Nach seinen Anordnungen werden alle Ereignisse sortiert. Was wir über unsere Sinne am Tage wahrgenommen haben, wird im Schlaf sortiert und im Langzeitgedächtnis und im enterischen Gehirn, den Darmschleimhäuten, gespeichert. Emotionale Schmerzen sollen vermieden und die Lebensfreude vermehrt werden. Das Wachbewusstsein erlaubt nur das zu erleben, was als positiv eingeordnet oder wem primär Aufmerksamkeit geschenkt wurde.

Weil das innere Kind nicht zwischen Vergangenheit, Gegenwart und Zukunft unterscheidet, beruht vieles, was wir tun und glauben, noch immer auf Entscheidungen, welche wir in unserer Kindheit getroffen haben, aber später weder korrigiert noch auf Richtigkeit überprüft haben. Persönliche Sabotageprogramme, Fehlentscheidungen, Muster und erfolgsverhindernde Gewohnheiten haben sich so in unserem Leben breitgemacht, wenn wir als verletztes, nicht verstandenes, kritisiertes, verlachtes, geschlagenes, schreiendes, verstoßenes, alleingelassenes Kind zum Beispiel sagten: »Das will ich nie wieder fühlen. Ich werde nie wieder dem Leben vertrauen. Diese Welt ist unsicher. Ich muss das alleine schaffen. Ich muss mich anpassen, damit ich geliebt werde.«

Ihre Ho'oponopono-Meditation

Es tut mir leid, dass ich so lange an meiner .... (tragen Sie hier Ihre primäre negative Emotion ein, zum Beispiel Trauer, Depression, Minderwertigkeit) festgehalten habe. Bitte verzeihe mir, mein inneres Kind. Ich verzeihe mir das jetzt. Ich verzeihe meinen Eltern und allen, die mich verletzt haben. Ich bitte dich, mein liebes inneres Kind, um Verzeihung. Bitte verzeihe mir, dass ich dich verletzt habe. Ich verzeihe mir, dass ich mich von der Fülle und dem Glück abgehalten habe. Ich liebe dich und ich liebe mich. Ich liebe mich so, wie ich bin, und ich liebe dich. Du bist wundervoll, und ich danke dir von ganzem Herzen. Alles, was ich sage, tust du. Bitte verzeihe mir, dass ich dich kritisiert habe und uns beide von der Freude und Harmonie entfernt habe. Ich danke dir. Ich danke dir. Ich danke dir. Ich danke meinen Eltern und ich danke dem Leben. Ich danke für die Heilung, die Erkenntnis und ich danke für das Wunder.

Treffen Sie eine neue und bewusste Entscheidung für Ihr Leben

Es gibt viele hilfreiche Methoden, um das Unterbewusstsein umzuprogrammieren. Wir arbeiten mit Ho'oponopono in Verbindung mit EFT, einem sanften Klopfen auf Energiepunkte des Körpers, um ähnlich wie in der Akupunktur energetische Blockaden zu lösen. Grundsätzlich ist es wichtig, dass das Mittlere Selbst vom inneren Kind als guter Mensch (Kanaka Makua) empfunden wird, als reife Persönlichkeit, jemand, der lobt, Anerkennung schenkt und belohnt. Das innere Kind, Unihipili, liebt Bewegung, die Natur, Tanzen, Singen, Spielen, Essen, Kinder, Tiere, Gemeinschaft und alle anderen schönen natürlichen Dinge. Tanzen und singen Sie gerne in Ihrer Wohnung, wenn niemand zuguckt? All das kann eine Inspiration für Ihr inneres Kind sein, an Ihren Zielen mitzuwirken.

Das innere Kind kann sich telepathisch mit anderen inneren Kindern verbinden, es hat alles Erlebte gespeichert und sogar Zugang zu den Ereignissen früherer Leben. Es ist mit der universellen Intelligenz verbunden. Alles läuft wie am Schnürchen, wenn das Mittlere Selbst durch klare Worte, eine detaillierte aktive Vorbereitung und Bilder, zum Beispiel ein Vision-Board, das Unterbewusstsein zum Mitmachen gewinnt. Alles geschieht dann zur rechten Zeit, und Möglichkeiten tun sich auf, die weit über die eigenen Vorstellungen hinausgehen.

Alles muss verdaut werden

Doch alles kann auch anders verlaufen, nämlich wenn wir viele negative und unverarbeitete Eindrücke in uns tragen oder unser inneres Kind weiterhin durch destruktive Sinneseindrücke wie Gewaltszenen im Fernsehen oder durch Jammern und Klagen belasten. Es hört, wie wir negativ sprechen und wie wir Negatives erwarten. Unser Unterbewusstsein kann nicht selbst entscheiden und glaubt deshalb, dies sei unser erwünschtes Ziel. Alles wird entsprechend organisiert. Wenn dann das Unglück da ist, sind wir – das Mittlere Selbst – auch noch wütend, obwohl wir uns in der letzten Zeit fast nur damit beschäftigt haben. Die Folge: Das innere Kind ist verwirrt und zieht sich zurück. Weitere Misserfolge sind sicher.

Menschen sehen sich Horrorfilme an, man schießt und mordet virtuell, man spricht über schlechte Nachrichten und wundert sich, dass das Leben keinen Sinn hat, dass alles schiefläuft, dass die Menschen trotz verbesserter Medizin immer kränker werden. Wie kann es besser werden, wenn der Geist vergiftet wird? Im Neuen Testament heißt es: »Was der Mensch sät, das wird er ernten.« Und Florence Scovel Shinn schreibt in ihrem Buch »Das Lebensspiel und seine Regeln«: »Der Mensch, der sein Vorstellungsvermögen darin geübt hat, nur das Gute zu verbildlichen, bringt jeden rechtschaffenen Wunsch seines Herzens in sein Leben hinein: Gesundheit, Wohlstand, Liebe, Freude und vollkommene Ausdrucksmöglichkeit.« Sie erklärt weiter, dass die Furcht der einzige Feind des Menschen sei, weil die Furcht der Glaube an das Böse ist anstatt an das Gute. Und bekanntlich fragte Jesus seine Jünger: »Ihr Kleingläubigen, warum seid ihr so furchtsam?«

Alle Angaben werden vertraulich behandelt.
*Der Newsletter kann jederzeit abbestellt werden.

Name/Vorname: ____________________

Straße: ____________________

PLZ, Ort: ____________________

Telefon: ____________________

E-Mail: ____________________

Geburtsdatum: ____________________

Bitte senden Sie mir:

☐ weitere Informationen aus dem Schirner Verlag
☐ den Schirner Newsletter (nur als E-Mail*)
☐ das SPIRIT live & Schirner Magazin

Diese Karte entnahm ich dem Buch:

____

Würden Sie dieses Buch weiterempfehlen?

____

Vielen Dank!

Bitte freimachen, falls Marke zur Hand

Antwort

Schirner Verlag
Birkenweg 14a
D-64295 Darmstadt

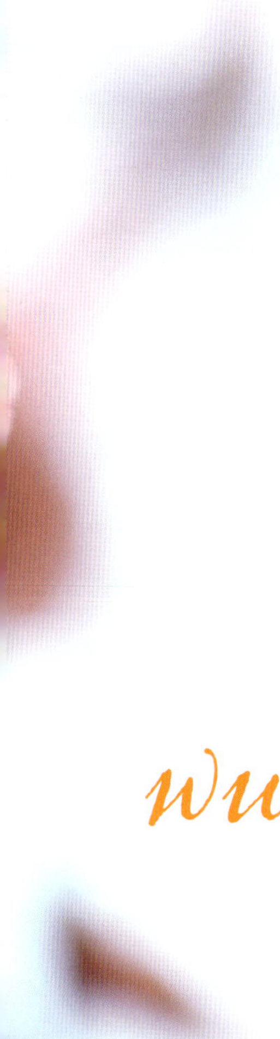

Vier wundersame Sätze

Es tut mir leid

Wenn wir einen Fehler gemacht haben und jemanden bewusst oder unbewusst verletzt haben, dann sagen wir im Allgemeinen: »Es tut mir leid.« Sich zu entschuldigen, ist die ganz natürliche Reaktion eines mitfühlenden Menschen.

Wenn wir »Es tut mir leid« sagen, dann leiden wir – zum Glück – nicht mit, sondern wir fühlen mit. »Es tut mir leid« ist eine Standortbestimmung. Wir nehmen wahr, sind achtsam und respektieren den Schmerz im Herzen, die Sorgen, den Zweifel, die Angst als etwas, was auch sein darf. Ich weiß, dass alles, was ich ablehne, wächst, weil es gesehen werden möchte. Ich trete in Kontakt zu meinen Gefühlen. Ich spüre und höre in mich hinein. Ich werde aufmerksam und achtsam. Ich bin nicht allein. Es gibt noch andere Wesen, und die habe ich vielleicht in meinem eigenen Schmerz verletzt. Ich entschuldige mich, taste mich langsam vorwärts und mache so den ersten Schritt in Richtung Versöhnung. Indem ich Reue zeige und mich entschuldige, mache ich eine Annäherung überhaupt erst möglich. Vergebung braucht Zeit, und die meisten Menschen würden nie jemandem vergeben, der sich nicht entschuldigt und keine Reue zeigt.

»Es tut mir leid« bedeutet: Es tut mir leid, dass ich in Resonanz zu dem Problem bin, dass ich selbst ein Teil des Problems bin. Es tut mir leid, dass ich andere bewusst oder unbewusst verletzt und in ihrer Entwicklung gestört habe. Ich entschuldige mich und bitte um das Auflösen der Disharmonie durch Gott und die Diener des Lichts.

Reue und Gnade

Alles, was existiert, ob materiell oder geistig, gründet auf Ursachen, die in der Vergangenheit liegen, und gleichzeitig ist dieser Augenblick – jetzt – die Ursache für das, was in der Zukunft sein wird. Dieser Moment beinhaltet alles. Das universelle Gesetz von Ursache und Wirkung, Aktion und Reaktion sorgt für Entwicklung und Vielfalt und stellt sicher, dass alles im Gleichgewicht bleibt. Das Universum strebt nach Harmonie. Geben und Nehmen müssen auch im sozialen Miteinander im Einklang sein. Nur zu nehmen oder nur zu geben, führt zu Ungleichgewicht und Disharmonie.

Bei einem Überhang an Negativität, wir nennen es Unrecht, entstehen dann energetische Verspannungen. Die Energie kann nicht fließen und es kommt zu kleinen und großen Konflikten: von Streit um den Abwasch über Krankheit bis hin zu Vernichtung von Lebensraum und Umweltzerstörung. Das alles sind letztlich Symptome, Reaktionen auf ein Unrecht durch uns oder unsere Ahnen. Der emotionslose Richter – das

Gesetz von Ursache und Wirkung – bewirkt, dass wir genau jene Erfahrungen machen, die wir verursacht haben. Alle Erfahrungen sind das Ergebnis unserer Handlungen. Haben wir jemandem etwas weggenommen, was uns nicht gehört, so strebt das Universum nach Ausgleich und wird eine Situation kreieren, in der wir ebenso die Erfahrung von Verlust machen. Wenn Kinder eine Dummheit begangen haben und ihr Fehlverhalten einsehen, besteht kein Grund mehr zur Berichtigung ihres Verhaltens. Sie haben schon gelernt und die Eltern sind glücklich über die Einsicht ihrer Kinder. Genauso ist es im Ho'oponopono. Wenn wir unseren Anteil am Problem erkennen, bereuen und uns dafür entscheiden, ab jetzt anders zu handeln, stehen wir unter dem Gesetz der Gnade. Jedes Problem ist eine kleinere oder größere Herausforderung, und wenn wir sie gemeistert und die darin versteckte Aufgabe verstanden haben und nicht mehr in gewohnter Weise fortfahren, besteht kein Grund zur Reaktion durch das Ursache-Wirkungs-Prinzip. Wir standen in einer Schuld (in Disharmonie) und sind wieder ausgeglichen.

Der Mann, den alle für tot hielten

1989 kam ein Mann zu mir (Andrea) in die Reha-Abteilung, dessen Lebensgeschichte mich sehr berührte. Er war zwei Jahre zuvor bei einem Grubenunglück verschüttet worden. In vielleicht hundert Meter Tiefe lag er mit gebrochenem Rückgrat einige Tage, bis man ihn fand. Bei der Bergung von insgesamt 18 Toten wurde auch er für tot gehalten und in einen Sarg gelegt.

Der Mann, der die Särge verschließen sollte, war betrunken gewesen und hatte den Deckel nur aufgelegt. Jemand stieß gegen den Sarg und einer der Umstehenden bemerkte eine ungewöhnliche Bewegung. Sollte dieser Mann dort etwa noch am Leben sein? Ja, er lebte!
Schwer verletzt und bewusstlos lag er fast zwei Jahre lang auf der Intensivstation des Krankenhauses. Bewusstlos? Dieser Mann, der jetzt bei mir wieder das Gehen lernte, obwohl sein Rückgrat gebrochen gewesen war, berichtete, er habe Jesus getroffen. Jesus persönlich sei ihm erschienen und habe ihm eine neue Chance gegeben, versicherte er. Er bereute alles, was er getan hatte. Er erzählte, wie er getrunken hatte, seine Frau verprügelt und betrogen hatte und viele andere Dinge, die wir hier nicht weiter beschreiben. Er bekam eine zweite Chance. Ihm wurden seine Missetaten vergeben, und er erfuhr Gnade. Seine Heilung war ein Wunder. Wie ich erfahren habe, half er später Alkoholikern, trocken zu werden und einen Sinn im Leben zu finden.

Die Gottheit steht über den kosmischen Gesetzen von Aktion-Reaktion und kann jederzeit Barmherzigkeit gewähren. Das Leben ist barmherzig, denn es heilt unsere Wunden. Wie wir in dieser Geschichte erfahren konnten, kann Gnade auch als spiritueller Vorschuss in Form einer Erkenntnis oder einer großen Heilung gewährt werden, damit man auf den Weg zur eigenen Berufung kommt. Diese Gnade wird vom Höheren Selbst gewährt, das unseren kosmischen Plan verwaltet.

Der Frieden beginnt mit mir

Wenn ich meine Realität kreiere, bin ich auch für all das verantwortlich, was ich anziehe, was ich sehe und was ich erlebe. Wir sind für das verantwortlich, was wir angesichts dessen, was wir erleben, fühlen. Es kommt nicht darauf an, was jemand sagt, sondern was wir daraus machen.

Sie sind der Kapitän in Ihrem Leben. Wenn Ihnen etwas Angst macht, dann hat niemand das Gefühl der Angst in Ihnen erzeugt. Die Angst war schon in Ihnen. Wenn Sie jemand wütend macht, dann hat niemand die Wut in Ihnen erschaffen, sondern Enttäuschung, Frustration und Zorn waren bereits in Ihnen. Die Gefühle waren schon da, und jemand hat sie nur an die Oberfläche und zum Klingen gebracht. Das ist übrigens keine neue Erkenntnis der Psychologie, sondern uraltes Wissen.

Nur wenn ich mich schuldig fühle und mich selbst kritisiere, kann jemand die Gefühle von Schuld und Minderwertigkeit in mir hervorbringen. Wenn ich mich jedoch von allen negativen Gefühlen läutere, werde ich friedvoll. Mit dieser Gelassenheit kann ich andere Menschen annehmen, wie sie sind, und habe volles Vertrauen in Gott und seine Führung.

Bitte verzeihe mir – Ich verzeihe mir und ich verzeihe dir

Eine der ältesten hawaiianischen Verhaltensregeln lautet »Immer helfen, nie verletzen«, und alles, was gegen diesen ethisch-moralischen Kodex verstößt, muss so schnell wie möglich wieder berichtigt werden, um weiteren Schaden abzuwenden: seien es Gefühle, Worte, Gedanken – jemandem schlechte Gedanken zu schicken, ist eine destruktive Energie, die wie ein Bumerang zurückkehrt – oder Taten. Auch wenn wir etwas unterlassen, ist dies eine Handlung, die Folgen haben kann.

Ein kleiner Stein im Schuh führt zu einer schlimmen Blase, wenn wir weiterlaufen, und selbst kleine Unaufrichtigkeiten oder Scherze auf Kosten anderer können weitreichende Folgen haben. Ein entschiedenes »Nein, ich kann dir nicht helfen« kann deshalb nötig und wichtig sein, um uns selbst zu schützen, aber auch um andere in ihrer Entwicklung nicht zu stören.

Menschlichkeit ist niemals wunderbarer, als wenn jemand um Vergebung bittet oder einem anderen vergibt.

JEAN PAUL (SCHRIFTSTELLER, 1763–1825)

Sind Sie häufig überfordert? Dann kann Ihnen ein Nein helfen, auch wenn Sie sich hinterher schlecht oder schuldig fühlen. Nein zu sagen, kann man lernen, und vielleicht schlägt das Pendel zu Beginn erst einmal zur anderen Seite aus, so dass Sie jemanden vor den Kopf stoßen. Sie werden es überleben: Verzeihen Sie sich, dass Sie noch nicht perfekt im Neinsagen sind. Lieben Sie den Teil in sich, der sich nicht nur um andere, sondern auch um Sie kümmert. Danken Sie für alle Situationen, die Ihnen zeigen wollten, dass Sie auch an erster Stelle in Ihrem Leben stehen dürfen.

Es gibt edle und weniger edle Gründe, Ja zu sagen. Wenn wir Ja sagen, weil wir glauben, eine alte Schuld abzahlen zu müssen, andere für unfähig halten oder unsere Fähigkeiten schlicht überschätzen, ernten wir statt Lorbeeren nur Kritik und Blumen ans Krankenbett. Erst wenn wir in uns selbst ruhen, können wir wirklich helfen. Geraten wir aus unserer Mitte, können wir leicht umkippen oder den Boden unter den Füßen verlieren.

Bevor Sie also das nächste Mal für die Kollegin in die Bresche springen oder vielleicht die Beziehungsprobleme Ihrer besten Freundin lösen wollen, stellen Sie sich folgende drei Fragen: Kann ich helfen? Darf ich helfen? Soll ich helfen?, und hören Sie dann auf Ihre innere Stimme.

Wie Sie wieder aufblühen

Es heißt, dass der Mensch circa 60 000 Gedanken pro Tag denkt. 72 Prozent davon sollen flüchtige, unbedeutende Gedanken sein, und 25 Prozent destruktive Gedanken. Es bleiben nach Adam Riese nur 3 Prozent für positive und konstruktive Gedanken. Das ist wahrlich nicht viel. Tausende Male am Tag scheinen wir uns selbst mit unseren eigenen Gedanken sowie »gedankenverlorenen« Gewohnheiten zu schaden. Vermutlich sind wir uns gar nicht bewusst, was wir damit in unser Leben rufen. Doch glücklicherweise verfügen wir über eine Art Kompass: Unsere Gefühle sagen uns, wo wir uns gedanklich befinden. Befinden wir uns auf der Skala unserer Gefühle mehr im negativen Bereich, so hatten wir primär destruktive Gedanken.

Wenn wir hingegen konstruktiv denken, dann fühlen wir uns voller Hoffnung, zuversichtlich, fröhlich, befreit, entschlossen, erleichtert, glücklich und wach.
Oft sagen wir uns und anderen, alles sei in bester Ordnung, und übersehen dabei, dass doch unsere Mimik und Gestik das Gegenteil ausdrücken. Der Körper kann nicht lügen, und unser Gegenüber kann das sehr wohl lesen. Die Körperhaltung ist eine Sprache, die jeder versteht. Beobachten Sie sich, ob Sie in einer Unterhaltung locker oder verkrampft dastehen. Wenn wir »Alles okay« sagen und dabei hochgezogene Schultern haben, belügen wir uns nur selbst, und in der Diskrepanz zwischen dem, was wir sagen, und dem, was wir tun, leiden unser inneres Kind und unser Körper. Widersprüchliche Energien fließen durch den Körper, womit wir uns letztlich selbst blockieren.
Alle Bereiche unseres Lebens beginnen zu erblühen, wenn wir unseren inneren Dialog von destruktiv zu konstruktiv hin ändern und im Einklang mit unseren Talenten leben. So können wir uns auch unsere Bedürfnisse selbst erfüllen. Ich (Andrea) nutze zum Beispiel oft EFT (siehe Seite 109) zusammen mit Ho'oponopono, um meine negativen Gedanken und Programme durch lösungsorientierte Sätze auszutauschen. Wenn ich mich unwohl fühle, ist es meine alleinige Verantwortung, mich innerlich neu auszurichten und soweit ich kann meine Umgebung angenehm zu gestalten. Ich muss einfach nur freundlich zu mir sein. Den inneren Kritiker weiterreden zu lassen, hieße nur Öl ins Feuer gießen. Was bleibt uns also anderes übrig, als

uns zu verzeihen und es in Zukunft besser zu machen? Unterbrechen Sie einen negativen inneren Dialog durch eine freundliche, bewusste und klare Ansprache. Verzeihen Sie sich, und damit Ihr inneres Kind merkt, dass Sie beziehungsweise das Mittlere Selbst es auch ernst meinen, belohnen Sie sich.

Ein Ho'oponopono kann der Beginn einer großartigen Veränderung sein, da sich die Vergangenheit von uns gelöst hat. Die wirkliche Veränderung – das Wunder – kann nun geschehen, weil wir die Kraft haben, unsere innere Haltung und unser Handeln zu ändern. Unsere innere Welt kreiert unsere äußere Welt, und die Verbindung zwischen diesen beiden Welten ist unser Handeln. Einen Apfelbaum erkennt man daran, dass er Äpfel trägt, und was jemand wirklich in seinem Herzen trägt, erkennt man daran, was er tut und welche Früchte das hervorbringt – nicht daran, was er sagt oder was er besitzt.

Vor fünfzehn Jahren lebte ich in einem indischen Ashram (Kloster), in welchem intensiv Yoga und Meditation praktiziert wurden. Selbst bei kleinsten Streitigkeiten war es selbstverständlich, so schnell wie möglich zu verzeihen, um sich auf die täglichen Meditationsübungen konzentrieren zu können. Wollte ich achtsam, präsent und konzentriert sein, durfte ich mich nicht von meinem Groll oder anderen Gedanken ablenken lassen. Unser Ritual der Vergebung war Folgendes: Derjenige, der als Erster wieder Frieden haben wollte – ganz gleich ob Täter oder Opfer –, verneigte sich vor den Füßen des anderen und sprach ein altes Sanskrit-Mantra. In diesem Mantra werden voller Demut die guten Eigenschaften der Yogis gepriesen. Der andere konnte dann gar nicht stehenbleiben, sondern verneigte sich ebenfalls und sprach dasselbe Mantra. Wir richteten uns dann gemeinsam auf, umarmten uns, und häufig flossen Tränen. Es funktionierte wirklich, denn alle beherzigten diese einfache Regel.

Wir wissen, dass Nichtverzeihen nur der starke Ausdruck eines Egos ist, welches niemandem auf dem Pfad der Selbsterkenntnis hilft, sondern uns von der Liebe zum Nächsten und von der Urquelle trennt. Ich lebte fünf Jahre in dem Ashram und lernte, mich selbst von meinen Gedanken und meinem Ego zu unterscheiden. Es war eine Zeit, in der ich mit allem im Frieden war, voller Harmonie und Gesundheit.

Wir verzeihen in beide Richtungen und sprechen uns selbst und alle anderen von Schuld frei, egal ob wir Täter oder Opfer sind. Falls die Verletzungen und die Scham noch unüberwindbar scheinen, können wir um Hilfe durch das Höhere Selbst bitten: »Es tut mir leid, ich kann noch nicht loslassen. Ich danke für die Hilfe durch das Höhere Selbst und öffne mich für die Möglichkeiten. Ich verzeihe mir, dass ein Teil in mir noch nicht vergeben kann. Ich danke für die Kraft und den Mut. Ich danke für die Erkenntnis.« Als Botschafter des Göttlichen beobachtet das Höhere Selbst alles, was wir tun. Sobald wir gegen die Harmonie und Liebe handeln, meldet es sich mit leiser Stimme als unser Gewissen, und wir können dann sicher sein, dass etwas nicht in Ordnung ist. Der Mensch kann dieser inneren Führung, seiner Intuition, folgen, sie ignorieren, bis zur Allergie und zum Tinnitus gegen sich selbst ankämpfen oder sich mit

Alkohol betäuben. Wir können auch hinterher sagen »Das habe ich geahnt!«, doch wie wir uns auch entscheiden mögen: Das Höhere Selbst bleibt unbeeindruckt. Es weist uns auf Gefahren hin und überlässt uns die Gelegenheit, aus Erfahrungen zu lernen. Es wünscht sich vollkommene Ausdrucksmöglichkeit und den höchsten Frieden für jeden, doch ohne uns zu unserem Glück zu zwingen. Das Göttliche vergibt immer, denn es ist das Erhabenste, das Schönste, das Reinste und das Großzügigste überhaupt.

Nachdem wir uns etwas zuschulden kommen ließen, gestehen wir den Fehler ein und informieren unser inneres Kind in einem konstruktiven Selbstgespräch über die Gründe unseres Verhaltens. Dann erklären wir unsere neuen Ziele. Der Erfolg eines Ho'oponopono-Rituals liegt nicht zuletzt in unserer Bereitschaft zur Ehrlichkeit uns selbst gegenüber. Ke Akua oi'a'io, die Absolute Wahrheit, ist auch die erhabenste Ehrlichkeit. Sie ist frei von Gewinnsucht und deshalb vollkommen unschuldig.

Fehler einzugestehen, Verantwortung zu übernehmen und aus den Erfahrungen zu lernen, ist ein Garant für privaten und beruflichen Erfolg. Die Schuld hingegen auf andere zu schieben, führt direkt zu persönlichem Misserfolg. Im Gespräch mit Ihrem inneren Kind machen Sie bitte ein Ho'oponopono und sprechen dreimal: »Ich vergebe mir bedingungslos. Ich danke für die Heilung. Heilung geschieht im Hier und Jetzt.« In diesem Fall haben Sie sich als Täter selbst vergeben, und das ist die Voraussetzung, um auch anderen zu vergeben.

Wie kann mein Partner nur so vergesslich sein?

Brunos Autoschlüssel lag schön sichtbar auf dem Beifahrersitz, und die Wagentür war ins Schloss gefallen. Er fluchte. Wie konnte ihm das nur passieren?! Gerade jetzt! Und nicht nur der Wagenschlüssel – nein, auch der Wohnungsschlüssel hing mit am Schlüsselbund! Er lief hastig und verzweifelt ums Auto. Als seine Frau Susanne ihm dann sagte, dass sie auch keinen Schlüssel dabei habe, fing er an, mit ihr zu schimpfen. Wie konnte seine Frau nur so vergesslich sein?! Er gab ihr die ganze Schuld.

Wenn Ihnen Brunos Verhalten bekannt vorkommt, dann erinnern Sie sich bitte bei nächster Gelegenheit an Ho'oponopono. Atmen Sie tief ein und aus und sagen Sie: »Es tut mir leid. Ich liebe mich mit all meinen Schwächen und all meinen Stärken. Ich verzeihe mir und ich verzeihe dir. Danke für die Transformation. Danke für den Segen, der in dieser Situation steckt.« Aus der Ruhe heraus finden Sie dann leichter eine Lösung.

Oft sind wir geneigt, anderen von unserer Bürde und dem erlittenen Unrecht zu berichten. Das mag das Herz erleichtern, doch allzu oft suchen wir dann nur weitere Verbündete gegen den oder die Täter. Es gibt viele Gründe und Möglichkeiten zur Projektion. Lassen Sie uns ab heute zuerst schauen, ob wir unsere eigenen Schuldgefühle auf den Täter projizieren. Je intensiver wir uns energetisch mit dem Täter verbinden, umso größer wird die Kraft, die weitere Täter anzieht, aber auch die Wahrscheinlichkeit, selber ein Täter zu werden.

Wenn ich als Opfer dem Täter verzeihe, befreie ich mich von einer energetischen Fessel. Ich nehme mich selbst an und gelan-

ge wieder zu Selbstvertrauen und Selbstbewusstsein. Ich bin kein schwaches Opfer mehr, das Anteilnahme, Mitleid und Hilfe braucht. Ich habe meine karmische Schuld bezahlt und unsere Täter-Opfer-Beziehung ist passé.
Falls ich jedoch nach Vergeltung sinne und selbst zum Täter werde, begebe ich mich auf eine zweifelhafte Reise wachsender Schmerzen. Die Folge sind kriegerische Auseinandersetzungen. Oder, wie ein Sprichwort sagt: »Der Mensch, der sich für die Rache entscheidet, kann gleich zwei Gräber ausheben.«

So kommen Sie wieder zu Kräften

»Alle Menschen wollen glücklich sein, lieben und geliebt werden.« So brachte es der Dalai Lama in einer Konferenz verschiedener Religionsvertreter auf den Punkt. Ist es da nicht sinnvoll, dass wir sofort damit beginnen zu lernen, Liebe anzunehmen und Liebe zu geben? Der Dalai Lama hatte Tibet verlassen, Tausende wurden dort ermordet. Trotzdem bat er darum, den chinesischen Besatzern zu vergeben. Ähnliches empfahl Jesus den Menschen, um die Abwärtsspirale von Gewalt und Gegengewalt zwischen den Juden und den römischen Besatzern zu beenden: »Liebet eure Feinde.« Und zum Thema Vergeltung sagte Mahatma Gandhi: »Auge um Auge, und die ganze Welt wird blind sein.«
Es ist von größter Wichtigkeit, dass wir uns innerlich läutern und alle Beziehungen heilen, denn wir leben nicht nur einmal. Wir starten nicht als weißes, unbeschriebenes Blatt, sondern bringen bereits Eindrücke aus anderen Leben mit. Wenn Men-

schen mit Schuldgefühlen, mit Trauer und Enttäuschungen darüber, eine schlechte Entscheidung getroffen zu haben oder etwas nicht geschafft zu haben, sterben, dann werden sie genau mit diesen Schuldgefühlen wiedergeboren. In die nächste Inkarnation bringen sie dann diese Prägungen mit und glauben, ihre Schuld durch Leiden abzahlen zu müssen. Deshalb ist es sehr wichtig, dass Sterbende vergeben und ihnen vergeben wird.

Ich (Andrea) habe mit vielen Frauen gesprochen, die sich nach einer Abtreibung schuldig fühlten und glaubten, nur durch ihr eigenes Leiden diese Schuld wieder abzahlen zu können. Sie wollten sich nicht vergeben und waren infolgedessen krank, hatten wenig Geld oder Schulden und schlechte Beziehungen. Wenn ich sie fragte, wem diese Schuldgefühle und diese Selbstbestrafung dienten, waren sie jedes Mal über ihre eigene Antwort überrascht: »Niemandem.« Ich fragte, was sie durch diese Erfahrung gewinnen könnten oder wem sie helfen könnte, doch die meisten Frauen wussten darauf keine Antwort. Deshalb lautet mein Rat hier immer: »Es ist an der Zeit, sich zu vergeben, zu Kräften zu kommen und dann etwas zu geben – zum Beispiel Kindern, anderen Frauen mit ähnlichen Erfahrungen, der Natur, Tieren, sich selbst –, das die Welt bereichert.«

Wir finden Lösungen, wenn wir uns auf Lösungen konzentrieren, und wir finden Probleme, wenn wir uns auf Probleme konzentrieren. Die Kunst, die Wahrnehmung konsequent von der Schwierigkeit, dem Streit, dem Verlust oder der drohenden Firmenpleite auf das gemeinsame Ziel zu lenken, nennt man Makia, die Aufmerksamkeit.

Für den oberflächlichen Betrachter mag es unverständlich sein, doch auch der Täter muss dem Opfer vergeben. Er hat nicht nur das Opfer verletzt, sondern sich selbst noch dazu. Wenn auch unsichtbar und nur als Samenkorn im Herzen vorhanden, so wurde eine Geistesprägung, eine Art Stempel angefertigt und die Tat (das Unrecht) drängt nach Ausgleich im Universum. Das innere Kind leidet und der Täter (als Mittleres Selbst) leidet. Die ganze Persönlichkeit ist dissonant und innerlich vielleicht zerrissen. Vielen Tätern ist gar nicht bewusst, dass sie jemandem geschadet haben, und die meisten Strafgefangenen glauben, sie seien Opfer der Gesellschaft, des Staates, der Behörden, der Eltern, der Justiz usw. Sie tragen viele Schmerzen und Verletzungen, Angst und Hass in sich und wollen diese irgendwie loswerden.

Der englische Philosoph James Allen ging einen Schritt weiter, indem er sagte, ohne Opfer gäbe es keine Täter. Er lebte zur Zeit der Industrialisierung Englands. Viele Menschen beklagten sich damals über die schlechten Bedingungen in der Arbeit und über das Elend in den Arbeitervierteln. Er beobachtete, dass niemand gezwungen wurde, in den Fabriken zu arbeiten. Die Menschen kamen freiwillig und rechtfertigten ihre Entscheidung mit dem logisch klingenden Argument, dass es auf dem Lande keine Arbeit gebe.

Das Opfer befindet sich bewusst oder unbewusst in einer Situation, die es dem Täter erlaubt zu handeln. So wie der intelligente und liebende Mensch immer einen Weg findet zu helfen, so findet der von der Liebe abgewandte Geist immer einen Weg, andere zu verletzen. So wie gleiche Wellen und Interessen sich verstärken, etwa im Team, im Fußballverein usw., so ziehen sich Schwingungen entgegengesetzter Polarität an. Kein Opfer ohne Täter und kein Täter ohne Opfer.

Ich liebe dich und ich liebe mich – Aloha

Aloha, ich sehe und respektiere das Göttliche in dir, und ich sehe und respektiere das Göttliche in mir. Aloha, ich liebe mich bedingungslos so, wie ich bin. Mit all meinen Gefühlen und all meinen Taten nehme ich mich an.

Der berühmte Aloha-Spirit, der Geist von Aloha, ist das Herz und die Seele von Ho'oponopono. Aloha – nie verletzen, immer helfen – beginnt im Zentrum des Universums: bei uns selbst. Jeder ist das Zentrum seiner eigenen Welt, erschaffen im Reigen individueller Überzeugungen. Jeder ist das, was er glaubt zu sein – zum Beispiel ein Raucher, der Leidtragende, ein depressiver Mensch, ein Diabetiker usw. –, und so geschieht jedem nach seinem Glauben. Verändern wir diesen Glauben, dann verändern wir uns. Das ist sogar von einer Sekunde auf die andere möglich.

In nahezu allen Kulturen gilt das Herz als das Zentrum des Lebens. Es ist der Ruheort des göttlichen Funkens und der Lotus und Thron, auf dem Gott Platz nimmt. Das Herzchakra liegt in der Mitte, zwischen drei mehr der Materie zugewandten Chakren darunter und drei mehr mit dem Geistigen verbundenen Chakren darüber. Der Wohnort der Liebe sind nicht die Genitalien und auch nicht der Kopf, sondern das Herz im Zentrum. Dort kommt alles zusammen und von dort geht alles aus. Es ist ein Pulsieren, ein Rhythmus, ein Tanz, ein Atmen, ein Geben und Nehmen. Die elektromagnetische Kraft im Herzen ist fünftausend Mal stärker als jene im Gehirn, und deren Feld hat einen messbaren Radius von mehreren Metern. Im Kino, im Supermarkt, am Arbeitsplatz und überall, wo Menschen zusammenkommen, durchdringen sich die elektromagnetischen Felder. Das gilt natürlich auch für Tiere.
Wir sind das, was wir tief in unserem Herzen glauben. Glauben Sie an die Liebe? Es ist richtig (pono), den Nächsten zu lieben, und es ist richtig-richtig (ponopono), beide zu lieben, nämlich sich selbst und den Nächsten. Die Liebe vereint, und das Ego trennt. Wer sich selbst nicht liebt, kann auch andere nicht lieben, denn alles beginnt bei uns, oder, wie der große Huna-Experte Dr. Diethard Stelzl so treffend sagt: »Nur aus der Liebe zu mir kommt die Liebe zu dir und zu allem Sein im Universum.«
Ja, wer mit den Augen der Liebe sieht, sieht mehr von der Welt. Wer sein Herz öffnet, für den öffnet sich die Welt. So wie Geld in Ihrem Portemonnaie erst wertvoll wird, wenn Sie sich etwas

Schönes dafür kaufen, so wird Liebe erst schön, wenn wir sie geben. Liebe ist Austausch und bedeutet auch, dass wir Beziehungen pflegen. Liebe ist etwas, das man gar nicht haben kann, genauso wenig wie man einen Sonnenaufgang haben kann. Beide, der Sonnenaufgang und die Liebe, werden erlebt. Die Sonne gibt sich dem Betrachter hin und die Liebe offenbart sich durch den Liebenden.

Wenn wir vergeben, dann erleben wir die Liebe. Vergebung ist gelebte Liebe. Wo vorher Dunkelheit war, ist jetzt Licht, und wir sehen mehr von der Welt. Wir sehen uns und wir sehen den anderen. Vergebung ist wie ein Sonnenaufgang. Danke für das Wunder der Liebe.

Gelebte Liebe – Die Geschichte von Bill Cody

Die folgende dramatische Geschichte erzählte uns Bernd während eines Seminars: 1945, gegen Ende des Zweiten Weltkrieges, wurde Dr. George Ritchie mit einer Gruppe von Ärzten in die befreiten Konzentrationslager geschickt, um schnelle medizinische Hilfe zu bringen. In einem Lager in Deutschland lernte er dann einen Mann kennen, den die amerikanischen Soldaten Bill Cody nannten. Seinen richtigen polnischen Namen konnte niemand aussprechen. Bill Cody war kräftig im Vergleich zu den anderen ehemaligen Gefangenen, die knapp dem Hungertod entronnen waren und kaum gehen konnten, und er ging aufrecht. Es stellte sich heraus, dass er einige Sprachen beherrschte und im Lager als eine Art Dolmetscher fungiert hatte. Die Soldaten, das Ärzteteam und Bill arbeiteten zusammen, und während nach einem langen Tag alle erschöpft waren, schien Bills Energie unerschöpflich.

Daraus schloss Dr. Ritchie, dass Bill Cody erst vor kurzem in das Lager gekommen oder von den Nazis bevorzugt behandelt worden war. Als er die Papiere durchging, stellte Dr. Ritchie zu seinem Erstaunen fest, dass Bill Cody bereits seit 1939, also sechs Jahre lang, im KZ unter denselben Bedingungen wie die anderen zwischen Typhus, Durchfall, Mord und Folter in einer Baracke gelebt hatte. Irgendwann erzählte dann Bill Cody mit wenigen Worten seine Geschichte.

»Wir lebten in Warschau. Die Deutschen gingen durch das Ghetto und stellten meine Frau und meine fünf Kinder, zwei Töchter und drei Jungs, an die Wand und schossen sie zusammen. Ich bettelte und flehte, mich auch zu erschießen. Weil ich Deutsch sprach, nahmen sie mich mit. Ich war Rechtsanwalt und hatte oft gesehen, was der Hass aus den Menschen macht. Jetzt hatte der Hass meine Familie ausgelöscht, und ich musste mich entscheiden: Mochten es Tage, Wochen oder Monate sein, die mir noch blieben, ich wollte ab sofort jeden Menschen lieben, dem ich begegnete – jeden.«

Ich liebe meine Herausforderung

Es ist schwer, etwas zu lieben, was uns verletzt hat. Wir streben nach Freude und Glück und wenden uns vom Schmerz ab. Wie soll ich also eine Situation oder einen Menschen lieben, der mich kränkt oder krank macht? Es fällt uns dann leicht, wenn wir erkennen: Jedes Ereignis und jede Begegnung hat eine Botschaft. Alles, was uns stört, abstößt und allgemein aus dem Gleichgewicht bringt, hat eine besondere Information für uns. Denn nicht, was jemand sagt, verletzt uns, sondern unsere Interpretation führt zu Gefühlen und Emotionen wie Enttäuschung, Verwirrung, Panik, Zorn, Angst, Widerstand, Ablehnung, Kritik usw. In vielen Fällen machen wir uns selbst krank, indem wir gekränkt reagieren und angreifen oder flüchten. Im Gesagten steckt eine verborgene Botschaft, denn alles, alles hat einen Sinn – auch wenn wir ihn nicht verstehen.

Wir können die Botschaft des Lebens annehmen oder ablehnen. Auch das gehört zu unserem freien Willen. Das Wort Problem ist griechischen Ursprungs und bedeutet, dass die Götter dem Menschen einen Stein vor die Füße werfen, damit er an seiner Aufgabe wachse. Das bemerkte auch Johann Wolfgang von Goethe: »Auch aus Steinen, die einem in den Weg gelegt werden, kann man Schönes bauen.«

Im Fitness-Center trainieren wir unsere Muskeln, indem wir zum Beispiel Gewichte heben, unseren Verstand können wir mit Denksportaufgaben schärfen, und unsere Konzentrationsfähigkeit stärken wir durch Meditation. Wir selbst wachsen durch unsere Herausforderungen, indem wir das Leben trainieren, und das Einzige, was wir brauchen, ist Vertrauen, dass diese Situation uns weiterbringt. In jedem Marmorblock ist eine Skulptur, vielleicht ein Engel, verborgen, und der Steinmetz bringt sie hervor, so wie das Leben aus uns etwas hervorbringen kann, das größer ist, als wir es uns jemals vorzustellen vermochten.

Die Situation anzunehmen, wie sie ist, bedeutet: Ich akzeptiere und liebe die Situation als den gerade wichtigsten Schritt in meiner Entwicklung. Ich nehme die Situation so an, wie sie ist. Ich liebe die Situation, die mir zeigt, woran ich arbeiten kann. Ich liebe das Problem, das zu mir gekommen ist, um mich wieder in den Fluss des Lebens zu bringen.

Ihre Ho'oponopono-Übung: Ich bin liebenswert

Es gibt im Universum keinen Mangel. Vielmehr gibt es ein Gesetz der Fülle (hawaiianisch Piha pono wai wai). Es wird aktiviert, wenn man bereit ist, den materiellen und spirituellen Reichtum für sich anzunehmen und ihn ebenso neidlos anderen zu gönnen.

Stellen Sie sich folgende Situation vor: Sie treffen auf der Straße eine Freundin und machen ihr ein Kompliment. Vielleicht so: »Schön, dich zu sehen. Was für eine hübsche Jacke du anhast!« Die Freundin antwortet darauf: »Ach, die habe ich schon ganz lange. Die ist doch eigentlich gar nichts Besonderes ...« Kommt Ihnen dieser kurze Dialog irgendwie bekannt vor? Statt sich zu bedanken und sich einfach zu freuen, macht sich die Freundin klein und wertet das Kompliment dadurch ab. Sie kann das Lob nicht annehmen, weil sie glaubt, es gar nicht verdient zu haben. Tief im Herzen fühlt sie sich wertlos und nicht liebenswert.

Wie sieht es mit Ihnen aus? Können Sie Lob und kleine Gesten der Zuneigung annehmen? Wie reagieren Sie auf Komplimente? Können Sie sich helfen lassen? Und was können Sie anderen nicht gönnen?
Bitte machen Sie ein Ho'oponopono und vergeben Sie sich, falls Sie glauben, Sie hätten etwas nicht verdient und dürften deshalb keine Liebe oder Hilfe annehmen. Vergeben Sie sich, dass Sie sich selbst nicht genug lieben, belohnen Sie sich für alle Erkenntnisse und entwickeln Sie einen Plan, wie Sie sich selbst mehr und öfter zeigen können, dass Sie sich lieben.

Danke

Zwei Dinge können nicht zur gleichen Zeit den gleichen Raum einnehmen. Entweder brennt im Menschen das sanfte Licht von Aloha oder ein Stein verdrängt das Licht ... Sicherlich erinnern Sie sich noch an dieses treffende Bild (Seite 14). Auch wenn Ihr Licht ganz zart sein mag, so brauchen Sie nicht um seine Kraft zu bangen. Mit Aloha ist alles möglich oder, wie Jesus sagte: »Bei Gott ist alles möglich.« Zweifel und Angst oder Niedergeschlagenheit verdrängen allerdings das innere Licht, und es wird dunkler im Herzen, das glaubt, von allem getrennt zu sein: vom wahren Reichtum, vom Glück, von den Menschen und der Liebe.

Der Weg zur Erfüllung

Dankbarkeit ist die Schwester der Liebe. Wenn wir dankbar sind, können wir nicht gleichzeitig Armut und Mangel empfinden. Probieren Sie es aus. Wo Dankbarkeit ist, ist kein Platz für Depression, Zweifel, Missmut, Gram, Minderwertigkeit und Bitterkeit. Dankbarkeit erzeugt in uns ein Gefühl der Vollständigkeit. Und nicht zuletzt: Dankbarkeit ist etwas, das man üben kann. Wir möchten Ihnen empfehlen, diese Fähigkeit zu trainieren. Alles, was Sie sich wünschen, wird in Ihr Leben fließen, denn das Universum liebt dankbare Menschen. Eine solche Geisteshaltung zieht wie ein Magnet noch mehr Gutes in Ihr Leben. Alles, worauf wir unsere Aufmerksamkeit lenken, wächst.

Wenn Sie beispielsweise Freunde besuchen und dort nur Jammern und Klagen hören, dann schlagen Sie ein Dankbarkeitsspiel vor, und das geht so: Im Uhrzeigersinn reihum sagt jeder jeweils etwas, wofür er dankbar ist. Derjenige beginnt, welcher fragt: »Wer fängt an?« Um das Spiel noch etwas zu würzen, darf jeder Begriff nur ein Mal genannt werden. Spielen Sie, solange es Ihnen gefällt. Sie werden merken, dass schon nach wenigen Begriffen jegliches Lamentieren ein Ende findet. Sollte einer der Beteiligten nach dem Spiel gleich wieder rückfällig werden, so verabschieden Sie sich freundlich. Machen Sie dann bitte ein Ho'oponopono und fragen sich, wann Sie selbst in alte Muster zurückfallen. Schließlich hat jede Situation eine Botschaft.

Wenn wir dankbar sind, erzeugen wir weitere positive Gefühle und öffnen uns dem Licht. Wenn ich ein bestimmtes Ergebnis möchte, beispielsweise Liebe, bin ich im Mangelbewusstsein, und das bewirkt nur noch mehr Unzufriedenheit und Entbehrungen.

Wenn wir uns etwas wünschen, dann müssen wir das in der Gewissheit tun, dass wir es bereits empfangen haben. Ansonsten signalisieren wir, dass wir etwas entbehren, und das führt zu Verlust. Jesus von Nazareth, der ein großer Metaphysiker war, erklärte es mit seinen Worten: »Wer hat, dem wird gegeben, und wer nicht hat, dem wird das Wenige auch noch genommen.« In diesem Universum gibt es keine Entbehrungen, und Mutter Erde erzeugt alles, was wir zum Leben brauchen, im Überfluss. Den Mangel in der Welt erzeugt der Mensch durch Angst und Gier. Menschen bekommen nicht das, was sie wollen, sondern sie bekommen das, was sie sind.

Wenn wir diese Botschaft verstehen, sagen wir danke. Um zu wachsen, sagen wir danke. Um zu empfangen, sagen wir danke. Für Heilung sagen wir danke. Für eine Erkenntnis sagen wir danke. Danke für den Segen, der in dieser Situation steckt. Danke für die Wandlung. Danke, dass du da bist. Danke für mein Leben. Danke für das Wunder. Ich kann es zwar noch nicht sehen, aber ich weiß, dass es zu mir unterwegs ist. Danke. Danke. Danke.

Ich (Andrea) denke daran, wie meine Mutter immer ein altes slowakisches Sprichwort vortrug, wenn ich nörgelte: »Wer für die kleinen Dinge im Leben keine Dankbarkeit empfindet, der hat die großen Dinge nicht verdient.« Mein Vater war Förster, und wir wohnten tief im Wald – manches Jahr ohne Strom und ohne fließendes Wasser –, und wenn ich dann genau hinschaute, erkannte ich, dass es mir in vielen Bereichen sogar besser ging als anderen Kindern im Dorf. Ich war jeden Tag mit meinem Vater im Wald und ich kannte viele Tiere und Bäume.

Vierzig Jahre später befand ich mich im Büro eines Architekten, um ein Gutachten abzuholen. Er bekam einen Anruf und sagte, wohl auf die Frage, wie es ihm gehe: »In dieser Zeit der Fülle und des Überflusses geht es mir selbstverständlich gut.« Seine Antwort hat mich richtig wachgerüttelt, und ich erinnerte mich an die Worte von Häuptling Tecumseh: »Wenn du am Morgen aufstehst, dann sage Dank für das Morgenlicht, dein Leben und die Kraft, die du besitzt. Sage Dank für die Nahrung und die Freude, am Leben zu sein. Wenn du keinen Grund siehst, Dank zu sagen, liegt der Fehler bei dir.«

Der Segen, der in einer Situation steckt

Manchmal müssen wir in unserem Leben weite Täler durchqueren und Durststrecken überstehen, sei es die Trennung von einem geliebten Menschen, eine schwere Krankheit, eine Depression oder ein Burn-out, Arbeitslosigkeit oder ein schwerer Unfall. Doch rückblickend sagen viele Menschen darüber: »Es war eine schlimme Zeit, aber letztlich hat es mich weitergebracht.« Und das hört sich dann zum Beispiel so an: »Diese Trennung hat mich mit meiner jetzigen Partnerin zusammengebracht.« »Hätte man mir nicht gekündigt, hätte ich nie meine Berufung gefunden.« »Ohne die Scheidung wäre ich nie aufgewacht.« »Erst nach der Krankheit lernte ich meine Gesundheit zu schätzen.« »Der Unfall hat mich daran erinnert, wie wichtig das Leben ist.«

Können Sie etwas Ähnliches sagen? Was war in Ihrem Leben schmerzhaft und erwies sich doch später als Segen?

Ihre Ho'oponopono-Übung

Beschreiben Sie in drei Sätzen ein Ereignis in Ihrem Leben, für das Sie nicht dankbar sein können. Setzen Sie sich bitte aufrecht auf einen Stuhl, sodass Ihre Beine fest auf dem Boden stehen (nicht überkreuz). Seien Sie locker und atmen Sie tief und ruhig ein und aus. Nach ein paar Atemzügen stellen Sie sich bitte die folgende Frage: »Wenn es etwas gäbe, wofür ich in dieser Situation dankbar sein könnte – was wäre das?«

Notieren Sie den ersten Gedanken, der in Ihrem Herzen aufsteigt.

Ihre Ho'oponopono-Meditation

Es tut mir leid, dass ich mich bisher auf den Mangel in dieser Situation konzentriert habe. Ich vergebe mir, dass ich so wenig dankbar für mein Leben war. Ich verzeihe mir das jetzt. Ich entscheide mich jetzt, die Geschenke in meinem Leben zu sehen. Ich liebe mich. Ich liebe dich. Danke für die Erkenntnis. Danke für das Wunder. Danke für ………………… .

Und bei alledem: Immer locker bleiben

Die meisten Menschen glauben, dass das, was sie fühlen, von dem bestimmt würde, was außen passiert. Oder mit anderen Worten: Man glaubt, die Umstände oder andere Menschen wären für die eigenen Emotionen verantwortlich. Zum Beispiel: Man lässt Sie warten, und Sie fühlen sich frustriert, traurig und enttäuscht. Derjenige, der Sie warten lässt, ist demnach schuld an Ihrer schlechten Laune. Oder jemand hält sich nicht an eine Vereinbarung, und Sie fühlen sich hintergangen. Derjenige, der Sie betrogen hat, ist nun schuld, dass Sie Ihr Vertrauen verloren haben.

Das stimmt aber nicht: Niemand hat Ihnen Ihre eigenen Gefühle implantiert oder injiziert. Alle Gefühle waren schon vorher in Ihnen. Jemand hat nur in eine alte Wunde gegriffen, und das tat weh. Ihr wunder Punkt wurde getroffen.

Im Ho'oponopono wollen wir unsere Verletzungen heilen, das Destruktive in etwas Konstruktives verwandeln und unseren inneren Frieden wiedergewinnen. Sind Sie in Ihrer Mitte, so kann Sie niemand wütend machen oder enttäuschen. Nelson Mandela, der fast 28 Jahre als Bürgerrechtler im Gefängnis verbrachte, sagte einmal, wenn man sich ärgere, dann sei das so, als würde man Gift trinken und hoffen, dass der Feind davon stirbt. Und wir können hinzufügen, dass unser klarer Verstand und unsere Entscheidungskraft getrübt werden, wenn wir uns ärgern oder wenn wir uns nicht gesehen und verletzt fühlen, deprimiert oder richtig sauer sind.

Das Wunder ermöglichen

Mit all diesen Emotionen leisten wir auch Widerstand gegen das, was ist. Aber wir können es ja nicht einmal ändern oder gar das Rad der Zeit zurückdrehen. Wir können nur im Hier und Jetzt, das heißt in der Gegenwart handeln. Es gibt keinen anderen Moment der Kraft als das Jetzt. Jeder Widerstand und auch ein schlechtes Gewissen führen zu einer energetischen Verspannung und zu einem Energiestau. Überall dort, wo die Energie nicht fließt, entstehen Probleme und Konflikte. Das können körperliche Symptome sein wie Rückenschmerzen (ich lade mir zu viel auf), Kopfschmerzen (ich kann nicht loslassen), Gelenkschmerzen (ich bewege mich nicht richtig), Nackenschmerzen (ich bin halsstarrig), Allergien (ich kämpfe gegen mich und das Leben), aber auch Streit und offene Gewalt.

Sind Sie bereit für ein kleines Wunder? Gut, wenn Sie sich das nächste Mal ärgern oder Ihnen ein bestimmter Vorfall nicht aus dem Kopf geht, dann stellen Sie sich folgende einfache Frage:

Kann ich die Situation ändern? Wenn ja, dann brauchen Sie sich nicht zu ärgern, sondern freuen Sie sich. Auch über eine Situation, die Sie nicht ändern können, brauchen Sie sich nicht zu ärgern. Davon wird sie nämlich auch nicht besser. Investieren Sie Ihre Energie lieber in einen konstruktiven Umgang damit.
Achten Sie bitte in Zukunft darauf, wann und wie Menschen sich in Gesprächen gegen etwas sträuben. Im täglichen Mit- und Gegeneinander leisten Menschen im Allgemeinen verbalen Widerstand, sobald sie sich schuldig fühlen oder glauben, beschuldigt zu werden. Beobachten Sie das Verhalten und die Gespräche, wie Menschen sich zum Beispiel verteidigen oder andere angreifen. Was Ihnen dabei besonders unangenehm auffällt, sagt etwas über Ihre eigenen Strategien der Konfliktlösung aus.
Ein Beispiel: Ich (Andrea) stamme aus der Slowakei. Ab und an erfinde ich neue Worte und ich habe auch einen starken Akzent, was die meisten Seminarteilnehmer amüsiert. In München kam eine Teilnehmerin auf mich zu und beklagte sich, dass sie mich nicht verstehe. Ich versprach ihr, mich zu bemühen, klarer zu reden. Es stellte sich heraus, dass sie aus dem ehemaligen Jugoslawien kam, und so unterhielten wir uns auf Kroatisch. In der Mittagspause kam sie wieder auf mich zu. Dieses Mal war sie erleichtert, denn zum einen war ihr bewusst geworden, warum sie mich nicht hatte verstehen können, und zum anderen hatte sich das jetzt geändert: Nun konnte sie mich gut verstehen. Sie erzählte, dass sie als Zehnjährige mit ihrer Familie nach Deutschland gekommen war. In der Schule konnte sie ihre Leh-

rerin, die mir vom Aussehen und Auftreten her wohl ähnlich war, einfach nicht verstehen. Sobald sie diese Tatsache erkannt hatte, war der Widerstand und damit das Problem verschwunden!

Die Meinung, die wir über einen Menschen haben, bestimmt unsere Wahrnehmung von ihm. Es ist ein Unterschied, ob Sie mit einer guten Meinung über einen Geschäftspartner in eine Besprechung gehen oder mit einer schlechten. Die Worte eines Freundes wiegen anders als dieselben Worte eines Gegners – das gilt für Individuen und Regierungen gleichermaßen. Unser Gehirn sieht und hört nur das, was es kennt, und das begrenzte Wissen, das wir über eine andere Kultur haben, bestimmt das, was wir wahrnehmen. Und das erscheint uns dann als Realität, selbst wenn dieses Bild verzerrt oder gar eine Lüge ist.

Um sich ein möglichst umfassendes Bild zu machen und damit der Wahrheit wenigstens nahezukommen, ist es am besten, sich durch ein Ho'oponopono von Vorurteilen zu lösen und um Reinigung – das Löschen von allen destruktiven Daten – zu bitten.

Widerstand ist eine Reaktion – Vergebung ist eine Antwort

Durch Angriff oder Flucht glauben wir, unsere Schmerzen vermeiden zu können. Doch jede innere Verletzung wird so lange und immer wieder nach einem Weg suchen, an die Oberfläche zu kommen, bis sie gewürdigt und geheilt wird. Angst und Hilflosigkeit möchten gesehen und geheilt werden. Wut will angenommen und in eine liebevolle, kreative Kraft verwandelt werden. Auch der Zweifel möchte beachtet und als Hinweis und

Warnung respektiert werden. Danach darf eine Entscheidung getroffen werden. Wie ein Ball, den wir unter Wasser zu halten versuchen, wird alles, was wir nach Möglichkeit vermeiden, nur mit noch größerer Kraft zurückkehren: um uns vollständig zu machen und der Liebe näherzubringen.

Worum geht es, wenn wir Widerstand gegen etwas leisten? Wir verteidigen dabei in erster Linie die Vorstellung von uns selbst, unfehlbar, rein, klug, liebenswert, ehrlich, pünktlich, tadellos usw. zu sein. Doch tief in unserem Herzen herrschen darüber Zweifel, ob wir wirklich so klug, stark, ehrlich und perfekt sind. Plötzlich sind wir entlarvt worden, und durch unseren Widerstand glauben wir, unsere Masken und Rollen beibehalten und den Schmerz vermeiden zu können. Das Ego hat Angst, die Kontrolle zu verlieren. Gelingt es uns nicht, jemand anderen für unser Unglück verantwortlich zu machen, so fühlen wir uns selbst schuldig – auch das ein Drama, denn wir bleiben in der Opferrolle stecken und verleugnen eine bedeutsame Qualität, nämlich verletzlich zu sein. Als Erwachsene scheinen wir uns sehr davor zu fürchten und fühlen uns dann minderwertig und schwach. Verletzlichkeit ist eine edle Qualität des werdenden Lebens – sie ist kindlich, frisch, zart, liebenswert und mehr –, und so verteidigt das Ego wertlose Dinge, um in den Augen der Welt stark zu erscheinen.

Letztlich führt uns unser Widerstand nicht zum Glück, wie wir insgeheim hoffen. Denn er kostet uns viel Energie und verschließt uns. Um aber Wunder empfangen zu können, müssen wir uns öffnen und unsere Wehrlosigkeit zulassen. Widerstand ist eine unbewusste Reaktion, während Vergebung eine bewusste Antwort ist. Wenn wir den Widerstand loslassen und locker bleiben, kann das Universum eine neue Lösung für uns finden.

Ihre Ho'oponopono-Meditation

Es tut mir leid. Was geschehen ist, tut mir weh. Ich verzeihe dir, und ich verzeihe mir. Ich vergebe mir und allen anderen, die damit irgendwie zu tun haben, bedingungslos. Ich nehme jetzt an, was diese Situation über mich sagt. Ich liebe diesen Teil in mir, der die Situation erschaffen hat. Ich liebe mich. Ich öffne mich für die Möglichkeit und danke für das Wunder. Danke für den Segen, der in dieser Situation steckt. Ich bin Schöpfer und Mitschöpfer von allem, was sich in meinem Leben ereignet. Das, was ist, ist das Resultat meiner Gedanken, Gefühle, Worte und Taten.
Damit sich das Wunder ereignen kann, lasse ich jetzt jeglichen Widerstand gegen das, was ich gerade in meinem Leben manifestiert habe, los und unternehme alle Schritte, damit es besser wird. Ich nehme die Situation mit offenen Armen an. Nur wenn ich annehme, kann ich etwas ändern. Solange ich Widerstand leiste, reagiere ich auf das, was von außen kommt. Ich überprüfe meine Gedanken und Gefühle und ändere diese, wenn nötig. Ich habe nach bestem Wissen

und Gewissen gehandelt und kann deshalb alle Schuldgefühle loslassen. Wenn die Situation es erfordert, kann ich jetzt an meinen negativen Überzeugungen arbeiten, um Schlimmeres zu vermeiden. Ich lasse jetzt meine Schuldgefühle und alle Vorwürfe anderen und mir selbst gegenüber los. Danke für die Kraft. Danke.

Ihre Ho'oponopono-Übung

Schildern Sie kurz eine Situation, in der Sie sich für gewöhnlich verteidigen.

Wann kommt es zu dieser Situation?

Was möchten Sie durch Ihren Widerstand bewahren?

Hat Ihre Verteidigungsstrategie funktioniert?

Welchen Preis haben Sie dafür bezahlt?

Bitten Sie Ihr Höheres Selbst, Sie zu beschutzen, und formulieren Sie das in einem kurzen Gebet.

Entscheiden Sie sich dann zu vergeben und Ihre Verletzlichkeit anzuerkennen.

Das Wunder der Vergebung

Unsere Verantwortung für die Welt

Vergebung hat auf Hawaii eine besondere Tradition, und die folgende Geschichte handelt von König Kamehameha I. (1758–1819). Er regierte als Erster alle hawaiianischen Inseln gleichzeitig, und er war berühmt für seine Kraft, seinen Gerechtigkeitssinn und sein Mitgefühl. Mit großer Entschlossenheit versuchte er, Hawaii vereint zu halten. Die von ihm bestimmte Verordnung von Mamalahoe, »das Gesetz des gebrochenen Ruders«, steht bis heute in der Verfassung des Staates Hawaii.

Als junger Krieger erreichte Kamehameha mit seinem Kanu und seinen Männern die Küste von Kea'au in Puna, Maui. Am Strand kam es zu einem Kampf mit Fischern, in dessen Verlauf Kamehameha mit seinem Fuß zwischen Lavagestein hängen blieb. Einer der Fischer, der ein Kind beschützte, schlug ihm ein Ruder derart auf den Kopf, dass es zerbrach. Danach befreite der Fischer den Verletzten. Beeindruckt von dieser Tat, ließ Kamehameha von jeglicher Vergeltung ab und machte es zu einem Gesetz, dass der Starke niemals den Schwachen misshandeln dürfe und Alte, Kinder und Verletzte unter dem besonderen Schutz des Königs stünden: Der Starke beschützt das Verletzliche und bewahrt dadurch das Leben.

Alle Eltern – Ihre Eltern und Sie selbst, falls Sie Kinder haben – hegen denselben Wunsch: Sie möchten, dass ihre Kinder glücklich sind. Und genauso will das auch Gott, und zu seinen Kindern zählen nicht nur die Menschen, sondern alle Lebewesen. In den letzten Jahrhunderten hat der Mensch seine Verantwortung als Beschützer, Gärtner und Freund vergessen und vernachlässigt und auf diese Weise bewusst und unbewusst weite Teile der Natur und ganze Kulturen zerstört. Durch Ho'oponopono können wir unsere Beziehung zur Natur wieder zurechtrücken.

Der deutsche Heiler Bruno Gröning sagte in einem Vortrag in den 1950er-Jahren: »Gott hat dem Menschen ein Paradies hinterlassen, um es zu bewahren.« Statt sich die Erde weiterhin zu deren Nachteil untertan zu machen, öffnen sich viele Menschen nun neuen Aufgaben, und ein Umdenken findet in allen Bereichen statt. Vergebung ist ein essenzieller Schritt bei diesem Neubeginn, der dazu dient, die Vergangenheit ruhen zu lassen und zu heilen. Sie sind deshalb auf eine besondere Art und Weise eine spirituelle Heilerin, ein spiritueller Heiler. Wir Menschen wollten alles richtig (pono) machen, aber unsere Ernte beweist, dass wir viele Fehler begangen haben. Wir machen manchmal Fehler, kleine oder große. Und wir begehen manchmal eine Dummheit, eine kleine oder eine große. Manchmal sind Menschen unachtsam, und das verändert schlimmstenfalls das Leben von vielen. Selbst das gilt es zu verzeihen, wenn wir alle glücklich sein wollen. Nichts darf bei einem neuen Anfang im Zorn gehalten werden. Dann kann das Wunder geschehen.

Selbstvorwürfe nützen keinem

Eine Klientin machte sich Vorwürfe, weil sie einen großen Fehler begangen hatte. »Ich habe Strafe verdient«, sagte sie sich. Andrea fragte sie, wem sie damit diene. Sie schaute Andrea erstaunt an. »Wieso? Ich habe doch Bestrafung verdient.« »Du hast keine Kraft. Du kannst nicht schlafen. Dient das deiner Familie?« »Äh, nein.« »Dient es deinen Kindern, wenn sie eine Mutter haben, die sich selbst bestraft? Was sagt dein Körper?« »Er ist traurig. Ich spüre die Trauer in meiner Brust«, sagte die Klientin schluchzend. »Kannst du so irgendjemandem helfen? Und wenn ja, wem?« »Niemandem.« »Alle vergeben dir. Bitte vergib dir jetzt selbst.« Andrea half mit EFT (siehe Seite 109) und Ho'oponopono, bis die ganzen Selbstvorwürfe verwandelt waren.

Was geschehen ist, ist geschehen, und wir bitten Sie deshalb, sich selbst und allen anderen für alle Beleidigungen in der Vergangenheit zu vergeben und damit alle negativen Gefühle zu löschen, die Ihnen und anderen schaden. Nutzen Sie einfach die gemachte Erfahrung, um in Zukunft sich und anderen mehr Freude, mehr Glück, mehr Harmonie, mehr Wohlstand, mehr

Gesundheit und mehr Liebe zu bringen. Wenn Sie in den Spiegel schauen, sind Sie heute nicht mehr die Person, die Sie vor zehn, fünf oder drei Jahren waren. Ihre Zellen verändern sich ständig und ebenso Ihre Gedanken. Verzeihen Sie jetzt der Person, die Sie damals waren. Nehmen Sie diese Person in den Arm. Heute sind Sie jemand anderes. Vergeben Sie sich jetzt und lassen Sie los.

Neubeginn und Wandel

Energie ist Schwingung, eine Vibration, und jede Information verändert die Energie! Es ist ein Unterschied, ob wir uns einen guten oder einen schlechten Film anschauen, und unsere Stimmung ändert sich von einem Moment zum anderen, wenn wir eine dramatische Nachricht erhalten. Wenn Sie zu sich sagen: »Ich werde mir eine Ruhepause gönnen«, erzeugt das eine andere Vibration in Ihrem Körper, als wenn Sie sagen: »Ich kann nicht mehr.« Worte sind schöpferisch, und wenn Sie sich regelmäßig Selbstvorwürfe machen, dann ist das ein Befehl an Ihr Unterbewusstsein und eine Botschaft ans Universum, Sie zu bestrafen.

Wird ein Mensch hübscher oder wird sein Immunsystem gestärkt, wenn er sich schuldig fühlt? Nein, denn jede Information beeinflusst Ihre Energie, Ihre Physiologie und Ihre Physiognomie. Die Energie verändert den Stoff, die Materie, den Körper und die Welt. Wir leben in einer Informationsgesellschaft. Eine Information kann Menschen in den Selbstmord treiben, oder aber sie motiviert dazu, ein neues, besseres Leben zu beginnen. Der Dialog also, welchen wir in unseren Köpfen führen, bestimmt unter anderem unsere körperliche Verfassung, welchen Partner wir wählen und unsere Zukunft.

Mary und Ben verloren ihre Tochter bei einem tragischen Verkehrsunfall auf dem Weg zur Schule. Mary machte sich deswegen Vorwürfe und nahm Tabletten gegen ihre Depression. Die beiden begannen zu trinken, und nach einem Jahr verlor Ben seine Arbeit. Die Ehe ging in die Brüche. Ein anderes Paar, Susanne und Frank, erlitt das gleiche Schicksal. Auch sie verloren ihre Tochter Kati bei einem tragischen Verkehrsunfall auf dem Weg zur Schule. Susanne machte sich immer wieder Vorwürfe: »Ich bin schuld am Tod meiner Tochter.« Frank versuchte eine Zeit lang, seine Trauer mit Alkohol zu überwinden. Nach zwei Jahren setzten sie sich zusammen und gründeten mit anderen Eltern eine Initiative für einen sicheren Schulweg.

Was auch immer geschehen ist, Sie können sich entscheiden, wie Sie darüber denken, und Sie können Ihre Erfahrungen nutzen, anderen Menschen zu helfen. Werden Sie selbst zum Wunder der Selbstvergebung. Stellen Sie sich einfach die Frage: Was kann ich tun, damit die Welt ein Stück besser wird?

Die Wunden der Vergangenheit heilen

In unserem Leben ereignen sich bisweilen Dinge, die eine schwer zu heilende Wunde hinterlassen. Das können Ereignisse in der Kindheit sein, die unsere Sicht von der Welt und unsere weiteren Verhaltensweisen entscheidend prägen. Die Ereignisse und die damit verknüpften Gefühle wirken dann auf unser Leben ein wie tiefe Kratzer auf einer Schallplatte. Die Platte hängt, und es geht nicht weiter. Wie von unsichtbarer Hand gelenkt, scheint es dann unser »Schicksal« zu sein, zum Beispiel immer an die Falschen zu geraten, stets ähnliche Schwierigkeiten im Beruf vorzufinden oder ständig Ärger mit dem Vermieter oder den Nachbarn zu haben. »Mir passiert immer das Gleiche«, klagte eine Seminarteilnehmerin.

Doch gerade dann, wenn sich die Geschichte zu wiederholen scheint, ist dies eine besondere Gelegenheit, genauer hinzuschauen und die versteckte Botschaft zu entschlüsseln.

Zwei Mädchen wurden von ihrem alkoholkranken Vater über Jahre hinweg missbraucht. Beide sind heute erwachsen. Die eine hat es, wie sie berichtet, nie verziehen und geriet immer wieder an die gleichen Männer: Am Anfang waren sie ganz nett, aber irgendwann fingen sie an zu trinken und wurden gewalttätig. Sie lebt voller Groll und hasst Männer.

Ihre Schwester machte eine Therapie und erzählt: »Es hat Jahre gedauert, und meine erste Ehe war ein Chaos. Der Mann war auch ein Alkoholiker. Heute habe ich meinem Vater vergeben. Wir haben ein paar Mal telefoniert, aber er hat immer alles abgestritten. Jetzt lebt er in einem Heim und kann sich sowieso an nichts mehr erinnern.« Sie führt eine zweite, glückliche Ehe.

Das Leben kann sich nicht entfalten, wenn wir mit Abwehr, Hilflosigkeit, Ekel, Selbstvorwürfen, zornig und mit endloser Trauer an Ereignisse der Vergangenheit denken. Wir sind dann Gefangene im selbstgemauerten Gefängnis. Immer wieder mit

Bitterkeit auf die Vergangenheit zu blicken, ist genauso, als würde man beim Autofahren dauernd in den Rückspiegel schauen.
Jahrelang blickte ich (Ulrich) voller Groll auf all jene, die mich verletzt hatten. Ich war auf der Flucht vor meiner Vergangenheit, doch sie holte mich immer wieder ein. Um nicht mehr gedemütigt zu werden, hatte ich verschiedene Mauern gebaut. Niemand konnte wirklich zu mir vordringen, aber ich konnte auch nicht hinaus. In meinen Beziehungen kam es nie zu einer wirklichen Verbundenheit. Viele Jahre erkannte ich meine Muster gar nicht, und wenn man nicht weiß, dass man in einem Gefängnis sitzt, wie soll man es dann verlassen?
Meine Heilung begann, als ich mich am tiefsten Punkt meines Lebens befand: Meine Partnerschaft war gescheitert und ich war körperlich und finanziell am Ende. So war ich gezwungen, neue Wege zu suchen. Ich entschied, mich zu lieben und mir und allen zu verzeihen, die irgendetwas in meiner Kindheit und Jugend verbockt hatten. Seither habe ich oft gesehen, wie Menschen Stein für Stein die Mauern ihrer mentalen Gefängnisse abtrugen und ihr Leben wieder zum Blühen und Leuchten brachten.

Von Rache Abstand nehmen

Das Universum verteilt großzügig seinen ganzen Reichtum in alle Richtungen, die Sonne scheint auf jeden herab. Das Gesetz des Lebens ist *auch* das Gesetz des Gebens, doch ein Mensch, der noch am Wunsch nach Vergeltung festhält, kann nicht empfangen. Er hat die Arme verschränkt und die Liebe kann nicht hinein. Die Geschenke des Lebens, der innere und äußere Reichtum gehen an ihm vorbei.

Nach einem Vortrag kam ein Mann auf uns zu und sagte: »Jetzt habe ich verstanden. Vergebung ist die Entscheidung, keine Rache mehr zu üben. Ja, wenn ich nicht vergeben kann, dann kann ich mich zumindest dafür entscheiden, von meiner Rache Abstand zu nehmen.« Ein solch mutiger und großherziger Schritt von jedem Einzelnen, von jeder Familie, von Völkern und Nationen könnte der Welt mehr Frieden bringen. Es geht ganz einfach: Man entscheidet sich dafür, damit aufzuhören, es dem anderen heimzuzahlen oder Gegenangriffe zu starten. Man legt die Waffen weg und pflanzt Obstbäume, sitzt im Garten statt an der Kanone. Man spielt mit den Kindern statt mit der Granate und sät Blumen statt Landminen. Endlich hat man wieder Zeit.

In einer alten Lehrgeschichte geht ein Zen-Meister eine Gasse hinunter, als aus einem Hauseingang plötzlich ein Mann auf die Straße stürzt. Die beiden prallen zusammen, und der Mann schreit, schimpft und ist außer sich vor Zorn. Der Zen-Meister verbeugt sich mit mildem Lächeln und spricht: »Ich weiß nicht, wer von uns die Schuld an diesem Zusammenstoß trägt. Doch wenn ich es bin, so entschuldige ich mich hiermit zutiefst und bitte Sie für meine Unachtsamkeit um Verzeihung. Falls Sie der Schuldige sind, so können Sie die Sache einfach vergessen.« Mit mildem Lächeln verbeugt er sich abermals und geht weiter.

Gewohnheiten überwinden

Menschen, die nicht von ihrer Wut und von Rachegedanken ablassen, bringen Leid über sich und andere, und letztlich ergeht es ihnen wie der Sandwespe. Diese geht in nahen oder fernen Gebieten auf Raubzug, und wenn sie dann ein Objekt der Begierde gefunden hat, betäubt sie es und schleppt es zu ihrem Nest im Sand, um es dort zu verspeisen. Die Sandwespe kommt summend mit ihrer Beute angeflogen und legt diese etwa sechs Zentimeter vom Eingang entfernt ab. Dann kriecht sie in ihren unterirdischen Bau und schaut, ob alles in Ordnung ist. Sie klettert wieder heraus, zerrt ihre Beute ins Innere der Höhle und frisst.

Soweit das natürliche Verhalten von Sandwespen. Ein Team von Verhaltensforschern hat in einem Versuch dieses Prozedere unterbrochen. Während das Insekt im Nest war, rückte der Versuchsleiter die Beute einige Zentimeter weg vom Eingang. Sie lag nun vielleicht acht bis zehn Zentimeter entfernt. Als die Wespe von der Wohnungsinspektion zurückkam, zerrte sie die Beute erst mal wieder auf die richtige Distanz und verschwand dann erneut zur Inspektion im Loch. Der Verhaltensforscher schob die Beute wieder einige Zentimeter weg, die Wespe kam aus dem Bau und muss sich gedacht haben: »So ist das aber nicht richtig. Das habe ich doch anders von meinen Vorfahren gelernt.« Einmal mehr zerrte sie die Beute auf sechs Zentimeter heran, ging in den Bau, der Versuchsleiter schob die Beute wieder weg ... usw. Das ging wohl hundert Mal so, und am Ende war die Sandwespe tot – verhungert am gedeckten Tisch!

Dieses Beispiel ist ein dramatischer Hinweis für uns Menschen, nicht an lebensfeindlichen Konzepten festzuhalten. Vielleicht kennen Sie jemanden, der seinen Traumpartner gefunden hat und mit dem Glück hadert, weil er die letzte Beziehung nicht loslassen kann. Oder jemanden, der die Geschäftsidee seines Lebens hatte und nicht von einer Gewohnheit lassen konnte, die seinen Erfolg schließlich zunichte machte. Vielleicht haben Sie eine Freundin, die seit langem keinen Kontakt mehr zu ihren Eltern hat, weil sie enttäuscht oder beleidigt ist. Und vielleicht waren Sie schon einmal in einem herrlichen Land, das mittlerweile in Schutt und Armut versinkt, weil die Menschen es nicht lassen konnten, in den Krieg zu ziehen.

Was es auch sei, der Frieden beginnt immer bei uns, oder, wie Carl Bard sagte: »Obwohl niemand zurückgehen und einen völlig neuen Anfang machen kann, so kann doch jeder jetzt neu starten und einen völlig neuen Ausgang der Geschichte kreieren.«

Ihre Ho'oponopono-Bonus-Übung

Schreiben Sie ein Verhalten auf, durch welches Sie Ihrem Glück, Ihrer Gesundheit, der Liebe, der Harmonie, der Freude oder dem Erleben von inniger Verbundenheit im Weg stehen.

Welchen Preis haben Sie bereits dafür gezahlt? Was ist Ihnen dadurch entgangen? Was haben Sie deshalb verloren?

Was möchten Sie? Was wollen Sie fühlen, spüren, erleben, beitragen?

Was sind Sie bereit, dafür zu tun?

Machen Sie bitte ein Ho'oponopono.

Unternehmen Sie den ersten Schritt hin zu mehr Frieden.

Wann müssen wir vergeben?

Das Besondere an Ho'oponopono ist, dass, sobald jemand zur Wiedergutmachung, zum Entschulden bereit ist und daraufhin um Vergebung bittet, auch Vergebung gewährt werden muss. Das sind sozusagen die Spielregeln in einem Ho'oponopono. Erinnern wir uns, dass das Vergebungsritual mit einem Gebet beginnt. Man betet gemeinsam zu Gott (Ke Akua oi'a'io) und den Ahnen (Aumakua). Sollte jemand mut- oder böswillig keine Vergebung gewähren, hieße das, Aumakua »den Rücken kehren«, sagt Mary Kawena Pukui.

Wenn wir uns auf ein Ho'oponopono in der Gruppe einlassen, sind wir verpflichtet zu vergeben, wenn wir darum gebeten werden. Falls wir allerdings noch nicht ganz dazu bereit sind, können wir fürs Erste weiter über die Angelegenheit sprechen, von Revanche absehen und uns so der Möglichkeit der Heilung langsam öffnen.

Ein Freund war auf Hawaii und hatte dort jemandem Geld gegeben, damit dieser das Löschen eines Frachters überwachte.

Der Mann war verschwunden, die Ware verdorben, und ein Anwalt wurde beauftragt, diesen Mann zu finden und das Geld wiederzubeschaffen. Die Sache zog sich hin und kostete Geld und Nerven. Unser Freund war verärgert und enttäuscht. Gleichzeitig machte er sich selbst Vorwürfe, »so naiv« gewesen zu sein. Eines Abends traf er einen Kahuna, einen Priester, am Strand. »Wo warst du heute?«, fragte dieser. »Bei meinem Anwalt«, antwortete er und erzählte dann die ganze Geschichte. Es ging um zehntausend Dollar. Der Weise am Strand stellte ein paar Fragen: »Glaubst du, dass dieser Mann leidet? Meinst du, der Mann war in Not? Glaubst du, die Insel, Pele (die Vulkangöttin) und das Leben werden für dich sorgen? Ist es gut, dem Mann schlechtes Mana (Energie) zu schicken?« Unser Freund dachte intensiv darüber nach, ging ins Vertrauen und am nächsten Tag zum Anwalt, um die Klage und ein weiteres Vorgehen zu beenden. Er übte Vergebung, und bald hatte er auf der Insel ein Vielfaches verdient. Danke, Pele. Danke für die Kraft loszulassen und zu vertrauen.

Doris fühlt sich ausgenutzt

Doris fühlte sich wie eine Dienstbotin. Sie war die Putzfrau für ihren Mann, und der Sohn machte es ihm nach. Sie weinte: »Die lassen alles stehen und liegen. Ich gehe arbeiten, ich wasche und putze. Ich kann nicht mehr und ich will auch nicht mehr. Wir machen jetzt ein Ho'oponopono.« Es kostete sie etwas Überwindung, aber sie rief die Familie zusammen. Sie schüttete ihr Herz aus, und das Problem wurde in allen Einzelheiten und von allen

Seiten besprochen. Doris brachte ihren ganzen Frust auf den Tisch. Sie berichtete von ihrer Überlastung, auch von dem Gefühl von Ausbeutung und ihrem Wunsch nach Anerkennung, Unterstützung, Respekt, Ruhe und Freiheit.

Doris' Mann Michael hatte den Stress seiner Frau gar nicht mitbekommen und bat inständig um Verzeihung. Ingo, zehn Jahre alt, kam natürlich auch zu Wort. Dann wurde gelobt. Alle drei machten eine lange Liste, was sie am anderen schätzten, liebten, anerkannten, würdigten und besonders erwähnenswert fanden. Es wurde ein gemeinsames Ziel besprochen, und alle Vereinbarungen wurden schriftlich festgehalten. Nach zwei Stunden umarmten sich die drei und feierten einen Neuanfang. Es gab Pizza vom Italiener und Michael wusch Teller, Gläser und Besteck ab. Am Kühlschrank hängt jetzt der Gemeinsam-Spaßhaben-Plan. Doris putzt weniger, weil sie besser kochen kann. Ingo räumt immer den Tisch ab, weil er nur dazu Lust hat. Michael hat gelernt, Weiß- und Buntwäsche zu trennen, und wenn er vergisst, dass er Küchendienst hat, dann wäscht Doris nicht für ihn ab. Sie bringt ihm mit einem Lächeln den Plan, setzt sich in ihren Lieblingssessel und liest ein gutes Buch – ohne schlechtes Gewissen. Dies ist ein sehr schönes Beispiel für eine Familienkonferenz, denn wir erkennen darin genau, worum es bei Ho'oponopono geht: um gute Beziehungen und den Wunsch, gemeinsam zu wachsen.

Zu sich selbst und den eigenen Bedürfnissen zu stehen, das will gelernt sein. Eine Freundin schrieb uns: »Liebe Andrea und lieber Ulrich, ich merke durch die Selbstvergebung im

Ho'oponopono bei mir einige Veränderungen. Ich bin viel, viel mehr bei mir selbst. Ich lebe sozusagen aus mir heraus und denke nicht mehr wie früher, was andere von mir erwarten könnten. Ich achte plötzlich auf meine Gedanken, um mir nicht noch einmal solche negativen Situationen zu erschaffen, und sage das auch meinen Kindern. Ich bin innerlich viel ruhiger geworden und konnte bewusst eine Freundin stehenlassen, weil sie ständig urteilt und über die Leute schimpft.«

Ihre Ho'oponopono-Meditation

Es tut mir leid, dass ich erwarte, andere sollten meine Bedürfnisse erfüllen. Ich habe mich und andere kritisiert, weil ich mit mir selber unzufrieden war. Bitte verzeiht, dass ich Fehler in euch sah und auf jene neidisch war, die ihre Bedürfnisse erfüllen können. Ich entscheide mich jetzt dafür, mehr Zeit mit mir zu verbringen und herauszufinden, was meine wahren Bedürfnisse sind. Ich liebe mich und ich liebe dich. Ich liebe jeden Aspekt von mir und nehme mich vollständig an. Ich akzeptiere andere Menschen und gebe ihnen die Freiheit, so zu sein, wie sie sind. Ich gebe mein Urteilen auf und befreie mich damit von jeglicher destruktiven Gemeinschaft. Ich konzentriere mich auf meine Welt und verbessere mich, indem ich mich selbst erkenne. Ich erkenne mich von Tag zu Tag mehr und mehr und handle nach meinen Erkenntnissen. Danke für die Erkenntnis. Danke für das Wunder. Danke für die Heilung.

Und alles wird eins

Der Wiener Professor Anton Zeilinger ist einer der großen Quantenphysiker. Sein Hauptinteresse gilt der experimentellen Grundlagenforschung. Die gewonnenen Erkenntnisse überträgt er dann auf unseren Alltag. In der Wiederholung eines klassischen Experiments der Quantenphysik zum so genannten Einstein-Podolski-Rosen-Paradoxon (keine Information kann schneller als mit Lichtgeschwindigkeit übertragen werden, und wenn das trotzdem passiert, ist das paradox) sollte untersucht werden, wie sich Teilchen verhalten, die einmal eins waren. Professor Zeilinger und sein Team teilten ein Photon in zwei exakte Zwillingsphotonen auf und isolierten beide Teilchen in einer Entfernung von vierzehn Kilometern. Im nächsten Schritt veränderte man den Quantenzustand eines der beiden Zwillingsphotonen. Als man das andere Photon untersuchte, stellte man fest, dass es exakt den gleichen Zustand angenommen hatte wie sein Zwilling. Veränderte man zum Beispiel bei einem die Drehrichtung (den Spin), so änderte auch der Zwilling augenblicklich – ohne jegliche zeitliche Verzögerung – seine Drehrichtung. Die Physiker waren beeindruckt, dass es hier eine bisher unbekannte Verbindung gab, die jenseits der Lichtgeschwindigkeit lag. Existierte eine Verbindung in einer anderen Dimension?

Wir wissen nicht, ob sich die Physiker diese Frage stellten, aber Beispiele der Verbundenheit jenseits von Raum und Zeit sind uns wohlbekannt, wie zum Beispiel die Aka-Schnüre und die Telepathie. Dieses beschriebene Phänomen nennt man in der Physik eine Quantenverschränkung. Zwei getrennte Objekte (in diesem Falle Quanten) sind quantenverschränkt, wenn sie einmal zusammengehörten und sich immer noch so verhalten, obwohl sie räumlich oder zeitlich getrennt sind. Ja, selbst die Veränderung von Objekten in der Vergangenheit durch Manipulation der Gegenwart wurde beobachtet, und wir folgern: Was einmal verbunden war, bleibt verbunden.

Vielleicht haben Sie während des Lesens dieses Buches schon etwas in dieser Hinsicht beobachtet. Hat sich Ihre Umgebung dadurch, dass Sie zu neuen Erkenntnissen gelangt sind, verändert? Sobald wir uns ändern, ändert sich auch etwas in unserer Welt. Denken Sie nur an die Geschichte von Dr. Len und den Insassen der psychiatrischen Abteilung des Gefängnisses (Seite 68). Wie sich die persönliche Entwicklung auf das kollektive Bewusstsein auswirkt, habe ich (Ulrich) am Beispiel des holographischen Universums in »Heile dich selbst und heile die Welt« beschrieben.

Bauen Sie Ihre eigene Zeitmaschine

In einer anderen Versuchsreihe machte man Aufnahmen von sogenannten Quantenereignissen, und in Auswertungen der Ergebnisse konnte bestätigt werden, dass sich sogar die Aufnahmen der Vergangenheit verändert hatten, sobald man die Gegenwart beeinflusste. Und so ist es auch im realen Leben: Sie können die Gegenwart und die Zukunft retten, indem Sie die Vergangenheit durch Verstehen, Verständnis und Mitgefühl ändern.

Bitte betrachten und hören Sie den Unterschied folgender Aussagen von Torsten: »Meine Eltern waren Alkoholiker. Mein Stiefvater, das Schwein, hat mich verprügelt, während meine Mutter feige zusah. Ich hasse beide.« Auf dieser Zeitlinie (die kausale Folge von Vergangenheit 1) erlebte Torsten Hass, Trauer, Wut, Misserfolg und Unrecht und in der Folge persönlichen und beruflichen Misserfolg. Nach dem Ho'oponopono kreierte Torsten eine neue Vergangenheit (Vergangenheit 2) und erschuf eine neue Gegenwart durch Mitgefühl und Verständnis: »Meine Eltern waren alkoholabhängig und krank. Mein Stiefvater hatte keine Kontrolle über sich und hat mich verprügelt. Meine Mutter war schwach und konnte mich nicht beschützen. Ich habe ihnen vergeben.« Obwohl faktisch das Gleiche geschah, fühlte sich Torsten erleichtert und konnte mentale, seelische und körperliche Spannungen entlassen. Sein ganzes Allgemeinbefinden und sein gesundheitlicher Zustand verbesserten sich rasch. Im Rückblick auf die neu geschaffene Zeitlinie erkannte er, was er alles gelernt hatte, und nutzt heute seine Erfahrungen, um sich und anderen weiterzuhelfen.

So wie Torsten seine Vergangenheit neu definierte und seine Gegenwart und seine Zukunft neu kreierte, genauso können auch Sie ein neues Jetzt und eine neue Zukunft für sich erschaffen. Wenn Sie im Geiste eine neue Position der Betrachtung einnehmen, sieht die Welt plötzlich ganz anders aus.

Viele Probleme in unserem Leben sind durch Programme entstanden, die wir von unseren Eltern und Großeltern geerbt haben. Das nennt man dann ein ererbtes Muster, ein destruktives Ahnenprogramm oder schlechthin unser Erbe. Indem wir die Schwächen und Fehler, die Taten und Verbrechen unserer Vorfahren vergeben und aus der Geschichte lernen, befreien wir uns und auch unsere Ahnen von der Last und den Schmerzen der Vergangenheit.

Unsere Vorfahren wünschen sich, dass wir es besser machen. Wir sind mit allem im Universum verbunden, und alles ist mit uns verbunden. Dieser Gedanke ist umso dringlicher, je mehr man der Theorie folgt, dass der Kosmos mit einem großen Knall aus einem Fingerhut verdichteter Materie entstanden sei. Der Kosmos expandiert und zieht sich irgendwann wieder zusammen. Alles atmet und wir – wir atmen alle dieselbe Luft und trinken alle dasselbe Wasser. Wir sind in unseren Gedanken miteinander verbunden und wir sind durch unser kollektives Unterbewusstsein verbunden. Alle Höheren Selbste haben einen Ursprung und sind eins, und alle Seelen haben ihren Ursprung in der spirituellen Urquelle. Wir Menschen sind in unseren gemeinsamen Bedürfnissen verbunden und wir haben gemeinsame geschichtliche Wurzeln. Im traditionellen Ho'oponopono spricht man deshalb von der Ohana, der Familie: Mehrere Pflanzen haben eine gemeinsame Wurzel.

Zu den Wurzeln finden

Heute sind wir sieben Milliarden Menschen, und vor 12 000 Jahren lebten nur vier Millionen von uns auf der Erde. Daraus können wir folgern, dass der Großteil der Erdbevölkerung gemeinsame Vorfahren hat. Der menschliche Embryo wiederholt im Mutterleib die Evolution, und all diese Informationen sind genetisch im Zellgedächtnis und im Informationsfeld gespeichert. Das verbindet uns mit allem Leben auf der Erde.

Betrachten wir die großen Weltreligionen. Judentum, Christentum und Islam gründen auf einem gemeinsamen Stammvater: Abraham. Das Wort Abraham ist mit dem Sanskritwort Brahman verwandt. Es scheint ein Anagramm, ein Buchstabentausch, zu sein. Brahman ist der Ursprung der Welt. Es ist die alldurchdringende Omnipräsenz und das alldurchdringende Licht, unbeweglich, ewig, und manche Mystiker nennen es das Große Nichts. Brahmanen sind Menschen, die wie die alten Aramäer nach Selbsterkenntnis streben, und so behaupten wir, dass auch die Suche nach dem Selbst eine Gemeinsamkeit ist. Probleme entstehen dann, wenn Menschen sagen, sie hätten die einzige Wahrheit, obwohl sie diese Wahrheit nicht einmal genau kennen. Machen Sie sich Ihre eigenen Gedanken und werden Sie ein Selbstdenker. Alle Antworten finden Sie in Ihrem Herzen.

Ihre Ho'oponopono-Meditation

Es tut mir leid, dass ich andere Menschen auf Grund ihrer Hautfarbe, Religion oder ethnischen Zugehörigkeit beurteilt und als minderwertig betrachtet habe. Ich habe mich aus Zweifel und Unsicherheit heraus selbst minderwertig gefühlt. Es tut mir leid, dass ich mich über euch gestellt habe, und ich bitte demütigst um Vergebung. Das gilt für mich und meine Ahnen. Wir bitten all jene um Vergebung, die wir bewusst oder unbewusst verletzt haben und auf Grund ihrer Hautfarbe, Religion oder ethnischen Zugehörigkeit beurteilt und verurteilt haben.

Ich vergebe jetzt allen Menschen, die mich in dieser oder irgendeiner Inkarnation als minderwertig betrachtet haben, und löse mich vom Band des wiederholten Leidens durch das Spiel des Ego. Ich entscheide mich jetzt, alle Menschen als meine Schwestern und Brüder zu sehen, und bitte um die Transformation meines Bewusstseins. So sei es und so ist es. Danke für die Erkenntnis. Danke für die Heilung. Danke für das Wunder.

Wo Gott sein erstes Haus baute

In alter Zeit lebten zwei Brüder am Fuß eines Berges – jeder auf der genau gegenüberliegenden Seite und einen Tagesmarsch

voneinander entfernt. Eines Tages beschlossen beide, einander zu besuchen. Verbunden, wie sie waren, machten sie sich zur gleichen Zeit auf, und jeder nahm ein Gastgeschenk mit. So umwanderten sie den Berg. Als beide bei ihrem jeweiligen Bruder ankamen und dieser nicht zu Hause war, legten sie das Gastgeschenk auf den Tisch und machten sich auf die Heimreise. Zu Hause entdeckten sie das Geschenk des Bruders und freuten sich so sehr, dass sie sofort beschlossen, mit einem noch größeren Geschenk den Bruder zu überraschen. Doch auch beim zweiten Besuch fand man das Haus des anderen leer vor, und so ließen sie ihr Präsent zurück. Auf diese Weise ging es viele Male hin und her. Immer wieder warteten sie vergeblich, und die Freude auf ein Wiedersehen, auf die Liebe und Fürsorge des anderen wuchs von Tag zu Tag. Da hatten beide eine Idee: Sie beschlossen, über den Berg zu wandern. Mit vielen Dienern, welche die Geschenke trugen – einer Karawane gleich –, machten sie sich auf und trafen sich oben auf der Kuppe des Berges. Dort, wo sie einander mit Tränen des Glücks begegneten und sich umarmten, baute Gott sein erstes Haus.
Wie verbinden wir uns mit all den Menschen, mit denen wir vielleicht verwandt sind, aber die uns völlig fremd sind? Die Antwort lautet: Wir brauchen uns nicht zu verbinden, denn wir sind es bereits. Wir müssen uns nur daran erinnern – jetzt. Im Spirit von Aloha leben wir als Brüder und Schwestern im gleichen Haus der Erde. Dort geht jeder sehr sorgfältig und verantwortungsvoll mit allem und jedem um. Man respektiert die Blumen, die Bäume, die Flüsse, die Steine, den Himmel, den Fuchs,

das Kaninchen, den Bär, die Delfine und die Wale. Alles ist da und für alle ist gesorgt.
Wissenschaftliche Untersuchungen, aber genauso Ihre und unsere Erfahrungen zeigen, dass die Freude über ein neues Auto, ein neues Kleid, das neue Haus oder was auch immer nur zwischen sechs und zwölf Wochen andauert. Dann ist der Mensch genau da – nämlich meist unzufrieden –, wo er war, und sucht ein neues Spielzeug. Lohnt es sich da für ein paar Glückshormone, beispielsweise die Beziehung zu den Geschwistern aufs Spiel zu setzen? Natürlich nicht, sagt der Verstand, aber tatsächlich sind in Familien Streit, Machtkämpfe, Reibereien und der Kampf ums Erbe keine Seltenheit – und in so einem großen Haus wie der Erde mit so vielen Verwandten, da kommt das erst recht vor. Für die alten Hawaiianer war es also sonderbar, als die ersten Europäer ihnen beschriebenes Papier anboten, um Land zu kaufen: »Land kaufen und verkaufen, was ist das? Diese Menschen haben ungewöhnliche Vorstellungen. Wie kann man etwas kaufen oder verkaufen, was allen gehört?«
Eine Freundin berichtet: »Ich finde Ho'oponopono sehr hilfreich bei zwischenmenschlichen Problemen. So hat es mir geholfen, die Beziehung zu meiner Großmutter zu verbessern bzw. zu verändern. Meine Großmutter war eine sehr dominante Person. Bei unseren Begegnungen hat sie mein Verhalten oft vor der ganzen Familie getadelt. Ich erinnere mich, wie ich mit meinem kleinen Cousin auf den Armen zu allen in den Garten kam und mich dazusetzte. Meine Großmutter sagte: ›So gehört sich das nicht, steh jetzt bitte auf, sag zu jedem Hallo und gib

ihm die Hand.‹ Das habe ich dann gemacht. Ich habe meinen Cousin meiner Tante in die Arme gelegt und bin zu jedem hingegangen. Dummerweise hatte ich nicht darauf geachtet, den ältesten Personen in der Runde zuerst die Hand zu geben, und so hat mich meine Großmutter nochmals getadelt. Dieses Spiel ging ziemlich lange, jedes Mal wenn ich zu Besuch war. Vieles, was ich tat, war falsch in ihren Augen. Irgendwann habe ich mich zurückgezogen und sie einfach nicht mehr besucht. Ab und an habe ich sie angerufen, aber unsere Gespräche waren immer ziemlich knapp, da ich nicht wusste, was ich sagen sollte. Die Situation hat mich sehr bedrückt. Ich wollte schon, dass wir uns verstehen, aber irgendwie war es nicht möglich. Da war immer eine Barriere zwischen uns.

Also habe ich viel mit Ho'oponopono gearbeitet. Ich habe mich immer besser gefühlt, und schließlich bin ich mit meinem Vater zu meiner Großmutter gefahren. Nach so langer Zeit hatte ich schon ein wenig Angst. Am Anfang war noch etwas Distanz zwischen uns, doch die schmolz auch noch dahin. Wir haben uns ganz gut verstanden, und sie machte mir das erste Mal Komplimente. Mir ist ein Stein vom Herzen gefallen, dass wir uns endlich verstanden, und ich bin sehr froh. Ich war bis heute mehrere Male bei ihr, und es ist immer schön gewesen.«

Jeder Mensch möchte angenommen werden

Wir bitten Sie, ein kleines Experiment zu machen: Während Sie einkaufen gehen, schauen Sie die Menschen einmal an und fragen Sie sich bei jedem, ob dieser Mensch Liebe und Wertschät-

zung möchte. Sie werden feststellen: Jeder Mensch sucht nach Anerkennung. Jeder tut das, was er kann, und steht in seiner kosmischen Entwicklung exakt dort, wo er steht, am rechten Platz.
Im Ho'oponopono treten wir von der Trennung wieder in die Einheit und nehmen uns und den anderen wieder an. Einheit führt zu Harmonie und Trennung zu Disharmonie. Wenn wir Angst haben, dass wir etwas verlieren könnten oder nicht genug bekommen, dann trennen wir uns von der Fülle. Statt zu urteilen und jemandem die Schuld für das Problem zu geben, fragen wir uns selbst nach unserem Anteil am Konflikt. Was habe ich getan, dass es diesen Konflikt in meiner Welt gibt? Was habe ich getan, dass sich mein Bruder oder meine Schwester so verhält? Wann war ich kein Vorbild und was kann ich tun, damit es mir, meiner Familie und der Welt besser geht?
Der Stamm der Babemba im südlichen Afrika, so haben wir gehört, hat eine ungewöhnliche Methode, um mit Missetätern zu verfahren. Der Angeklagte wird in die Dorfmitte begleitet, und alle Stammesmitglieder, Jung und Alt, versammeln sich um ihn, um zu berichten, was dieser Mensch alles Gutes getan hat. Jeder erinnert sowohl den Missetäter als auch die Versammlung an alle guten Taten dieses Menschen. Dabei wird nichts übertrieben oder erfunden, sondern alles nur recht ausführlich beschrieben. Diese Zeremonie wird mit großer Liebe und Hingabe vollführt. Jedem wird mitgeteilt, wie sehr man ihn als Mitglied des Stammes liebt und respektiert. Wie wir erfahren haben, kann diese Zeremonie Tage dauern, und am Ende wird der Kreis geöffnet und der Missetäter wieder in den Stamm integriert.

Die allgegenwärtige Hilfe

Das gesamte Universum entstammt der einen Urquelle, der Absoluten Wahrheit, und diese höchste Wesenheit, deren Essenz reine Liebe ist, durchdringt den Kosmos als universale Intelligenz und erhält die Welt auf diese Weise. Die alten Hawaiianer sahen darin Aloha: Alles ist Aloha, die Essenz eines Gottes, der sich und seine Schöpfung bedingungslos liebt. Es ist eine losgelöste Liebe, die kein Ergebnis wünscht und keinen Zwang kennt. Für das Zusammenleben gibt es einfache Regeln, und wer sich nicht an diese Regeln hält, wird zurechtgewiesen oder bestraft. Ohne Gesetze würde Chaos herrschen. Der Einsichtige schafft einen Ausgleich, bittet um Vergebung und wird wieder aufgenommen. In Wahrheit ist es nur Liebe.

Die Urquelle des Universums

Der Begründer der Quantentheorie und Nobelpreisträger Max Planck (1858–1947) formulierte in einem seiner Vorträge zum

Thema Gott und Naturwissenschaft diese Allgegenwart Gottes wie folgt: »Als Physiker, der sein ganzes Leben der nüchternen Wissenschaft, der Erforschung der Materie widmete, bin ich sicher von dem Verdacht frei, für einen Schwarmgeist gehalten zu werden. Und so sage ich nach meinen Erforschungen des Atoms dieses: Es gibt keine Materie an sich. Alle Materie entsteht und besteht nur durch eine Kraft, welche die Atomteilchen in Schwingung bringt und sie zum winzigsten Sonnensystem des Alls zusammenhält. Da es im ganzen Weltall aber weder eine intelligente Kraft noch eine ewige Kraft gibt – es ist der Menschheit nicht gelungen, das heißersehnte Perpetuum mobile zu erfinden –, so müssen wir hinter dieser Kraft einen bewussten intelligenten Geist annehmen. Dieser Geist ist der Urgrund aller Materie. Nicht die sichtbare, aber vergängliche Materie ist das Reale, Wahre, Wirkliche – denn die Materie bestünde ohne den Geist überhaupt nicht –, sondern der unsichtbare, unsterbliche Geist ist das Wahre! Da es aber Geist an sich ebenfalls nicht geben kann, sondern jeder Geist einem Wesen zugehört, müssen wir zwingend Geistwesen annehmen. Da aber auch Geistwesen nicht aus sich selber sein können, sondern geschaffen werden müssen, so scheue ich mich nicht, diesen geheimnisvollen Schöpfer ebenso zu benennen, wie ihn alle Kulturvölker der Erde früherer Jahrtausende genannt haben: Gott! Damit kommt der Physiker, der sich mit der Materie zu befassen hat, vom Reiche des Stoffes in das Reich des Geistes. Und damit ist unsere Aufgabe zu Ende, und wir müssen unser Forschen weitergeben in die Hände der Philosophie.«

»Alles ist von göttlichem Geist und Bewusstsein durchdrungen«, sang ein Mystiker, während er einst tief in der Nacht eine kleine Oase inmitten der Wüste erreichte. Er legte sich unter einer Dattelpalme nieder und schlief ein. Am Morgen wurde er unsanft von einem anderen Reisenden geweckt: »Du Sohn einer Erbsenzählerin. Dein Verstand scheint nicht größer zu sein als eine dieser Datteln. Deine Füße zeigen in Richtung Osten, und das ist eine Beleidigung für den Allmächtigen.« Darauf entgegnete der andere: »Verzeiht mir, großmütiger Weiser. Ich bin dumm und bitte Euch deshalb, meine Füße in eine Richtung zu legen, wo der Herr nicht ist.« Der Mann packte die Füße des anderen und zerrte sie in Richtung Süden. Doch auch dort war Gott. Wohin auch immer der Mann die Füße zu legen versuchte, überall erkannte er die Gegenwart des Herrn. »Es tut mir leid«, brummte er. »Ich nannte Euch den Sohn einer Erbsenzählerin und zähle selbst kleinlich die Erbsen. Ich war blind dafür, etwas Größeres zu sehen. Ja, mein Verstand scheint nicht größer zu sein als eine dieser Datteln. Alles, was ich zu Euch sagte, trifft auf mich zu. Bitte verzeiht mir.«
Gott ist Geist, und dieser Geist ist reines Bewusstsein. Es ist die alldurchdringende und allgegenwärtige Absolute Wahrheit. Wir beobachten unsere Umgebung, und der höchste Beobachter sieht alles. Wir sind uns unseres Körpers bewusst, und das höchste Bewusstsein ist sich aller Körper bewusst. Genauso wie wir manchmal unsere Träume als real empfinden, so ist diese Welt ein einziger großer Gedanke, ein Traum, während der Wahrheitssucher versucht aufzuwachen, um frei zu sein.

Untersuchen Sie jetzt bitte den Stuhl, den Sessel oder das Sofa, auf dem Sie gerade sitzen. Auch dieses Möbelstück ist von Bewusstsein durchdrungen. Erstens durch das erwähnte universelle Bewusstsein, zweitens ist Ihr Sitzmöbel vom Bewusstsein des Designers und des Handwerkers durchdrungen. Alles wird zuerst in Gedanken erschaffen, in einer Idee und einem geistigen Bild, das in einer Zeichnung und in Anweisungen formuliert und dann in Form gebracht wird. Sicherlich leben dort auch jede Menge Mikroben und Bakterien, Pilze und Milben in einem Miniuniversum, und schließlich ist Ihr Möbelstück noch von Bewusstseinsfragmenten all jener durchdrungen, die darauf gesessen haben. Alle, die dort saßen, wo Sie jetzt sitzen, haben eine geistige Spur hinterlassen.
Wir hinterlassen grobe Spuren, wenn wir sitzen, stehen, schlafen, essen oder mit unserem Auto fahren. Worte hinterlassen Spuren. Wir hinterlassen Abdrücke mit unseren Füßen am Strand und wir hinterlassen geistige Spuren im Sand der Zeit. Alles, was wir tun, denken und fühlen, hat eine Wirkung in Raum und Zeit.

Alles schwingt und alles ist Klang

Diese Welt ist ein gigantisches Gespräch, ein Gesang und eine Symphonie. Ho'oponopono ist ebenfalls Kommunikation: Man spricht miteinander. Wenn Sie also einen Raum betreten, wo die Luft zum Schneiden ist, dicke Luft herrscht, eine schlechte Schwingung ist, wenn Sie unsicher auf dem Zahnarztstuhl Platz nehmen oder im Supermarkt darauf warten, dass die nächste Kasse aufmacht, dann erinnern Sie sich bitte an Ho'oponopono und sagen Sie bewusst zu diesem Raum: »Es tut mir leid, bitte verzeihe mir, ich liebe dich, danke!« Achten Sie dann auf die Veränderung der Energie. Beobachten Sie, was sich wandelt. Genauso wie Menschen mit ihren Hunden, Pferden, Katzen, Pflanzen und auch mit ihrem Auto sprechen, können Sie beginnen, mit allem zu sprechen. Mit einem Ho'oponopono können Sie Ihre Beziehung zu einem Raum ganz neu definieren.

Das ist ein großes Thema in der Anthroposophie, aber auch bei der Raumgestaltung im Feng Shui und dem indischen Vaastu. Nehmen Sie bewusst Verbindung auf und treten Sie dann in die Beobachterposition. Denken Sie mit dem Herzen. Dort sind Sie und Ihr Höheres Selbst. Übergeben Sie alle Probleme und danken Sie, dass alles mit göttlichem Licht erleuchtet wird. Die erste Energie ist die Liebe. Aus der Liebe entsteht das Licht und aus dem Licht geht durch weitere Verdichtung die Materie hervor.

Ho'oponopono mit dem Notebook

Die Mutter hatte sich bei Natalie angemeldet. Ein guter Grund für den Frühjahrsputz, doch ein bisschen Angst hatte sie schon vor dem kritischen Auge ihrer Mutter. Natalie wirbelte also durch ihre Wohnung. Irgendwann nahm sie ihren Ring vom Finger und legte ihn auf die Tastatur ihres Notebooks. Dort würde sie ihn sicher wiederfinden, dachte sie sich. Sie machte weiter, hier und da, putzte die Fenster, und als sie Staub wischen wollte, klappte sie ihr Notebook erstmal zu: Es knirschte und knackte ordentlich. Der Ring steckte im Display, und der Monitor hatte einen Riss. Sie raufte sich die Haare und rannte hin und her: »Mist, Mist, Mist. Ich Dummkopf! Hm, vielleicht ist noch Garantie drauf.« Sie rief beim Händler an und erzählte von dem Malheur. »Nichts zu machen, da sind Sie selber schuld«, hörte sie den Verkäufer sagen und legte frustriert auf.

Natalie hatte unser Praxis-Seminar besucht und eine Ho'oponopono-Technik kennengelernt, die wir den »Laufzettel« nennen. Sie setzte sich also hin und machte nach der Anleitung ein Ho'oponopono. Sie entschuldigte sich, bat den Computer und den Händler um Verzeihung und vergab sich all ihre Vergesslichkeit, Unaufmerksamkeit, ihren Zorn auf den Computer und die Wut auf sich selbst. Sie erkannte ihren Selbstbestrafungszwang, begann, ihre Unordnung zu lieben, vergab sich die Angst vor dem Besuch der Mutter und noch einiges mehr. Es regnete förmlich Erkenntnisse.

Nach einer halben Stunde klingelte das Telefon. »Ich habe mit meinem Chef über die Sache gesprochen«, sagte der Herr am anderen Ende der Leitung. »Wir nehmen das mit in die Kulanz. Bringen Sie Ihren Laptop vorbei und wir tauschen das Gerät einfach um.«

»Danke! Danke für das Wunder«, antwortete Natalie.

Ihre Ho'oponopono-Meditation

Es tut mir leid, dass ich mich getrennt von meinem Glück sah. Ich verzeihe mir das jetzt. Mein liebes inneres Kind, bitte verzeihe mir. Ich liebe dich. Ich liebe mich. Ich verbinde mich jetzt mit der alldurchdringenden Intelligenz. Ich bin ein Teil Gottes und Gott ist ein Teil von mir. Ich danke für die Verbundenheit. Ich danke für die Erkenntnis. Ich danke für die Heilung. Ich danke für mein Leben. Es ist das Wunder.

Was ich selber denk und tu ...

Jedes Ereignis birgt eine Botschaft für uns, denn sie ist das Resultat einer Schwingung, die wir oder unsere Ahnen in Gedanken, Worten oder Taten ausgesendet haben. Die Gegenwart ist das Produkt unserer Vergangenheit, und so ist diese immer auch »gegenwärtig«. Die Energie geht nicht verloren, sondern sie wandelt sich in eine andere. Um uns auf die richtige Spur zu bringen, konfrontiert uns das kosmische Gesetz von Ursache und Wirkung mit unserer eigenen Vergangenheit. Alles, was je gedacht und getan wurde, spiegelt sich in der Welt der Wahrnehmung wider – aber warum sind wir dann mit unserer eigenen Schöpfung unzufrieden?

Der große Dichter und Denker Hermann Hesse erklärt diese Unzufriedenheit so: »Wenn wir einen Menschen hassen, so hassen wir in seinem Bild etwas, was in uns selber sitzt. Was nicht in uns selber ist, das regt uns nicht auf.«

Hubert war nicht nur ein Facharbeiter, sondern ein Fachgenie. Er kannte alle Tricks und Kniffe, um nahezu jedes Problem zu lösen. Er konzentrierte sich so sehr auf mögliche Fehler, dass es merkwürdigerweise immer wieder unvorhergesehene Schwierigkeiten gab. Aber diese Botschaft der sich selbst erfüllenden Prophezeiung ging zunächst an ihm vorüber. Viel schlimmer, so schilderte er uns, sei sein Chef. Dieser kontrolliere alles, habe immer etwas an Huberts Arbeit auszusetzen und wolle immer recht haben. Dabei sei er, Hubert, doch der Fachmann, und es wäre doch vernünftig, wenn der Chef auf ihn hörte, jammerte er. Es gab ein ständiges Kompetenzgerangel zwischen den beiden, und so pflegten sie eine besondere Beziehung.

Die Botschaft verstehen

Selbst jene Gefühle, welche wir verdrängen, vielleicht nicht wahrhaben wollen oder die uns nicht bewusst sind, strahlen nach außen. Wir können gar nichts anderes geben, als wir haben. Eine Katze kann nicht bellen und aus einer Zahnpasta-Tube kommt eben Zahnpasta heraus, wenn man sie drückt. Ja, man erfährt viel über sich und andere, wenn man unter Stress oder Druck steht. Gerade in schwierigen Zeiten ziehen wir exakt jene Menschen an, die uns das Verhalten zeigen, das wir bei uns nicht sehen wollen. Der Therapeut Robert Betz nennt diese hilfreiche Spezies, auf die wir allgemein wütend sind, Arschengel, weil wir sie einerseits innerlich oft verfluchen und sie andererseits sehr hilfreich für uns sind. Jedenfalls erkannte Hubert durch das Ho'oponopono in seinem Chef einen Verbündeten, denn beide hatten die gleichen Bedürfnisse: Selbstbestimmung, den Wunsch nach Wachstum, Freiheit, Sicherheit, das Streben nach Wissen usw. Hubert musste zugeben, dass sie sich beide sehr – sehr – ähnlich waren. So war es schließlich für Hubert ein Leichtes, zu vergeben und sich zu versöhnen.

Hubert wollte immer recht haben und hatte dadurch jemanden angezogen, der ihm genau das im Täter-Opfer-Spiel und -Spiegel zeigte. Übrigens war das Huberts Frau Agnes als Außenstehender längst aufgefallen, aber er hörte ihren Rat nicht einmal.

Alles, was wir in uns haben, unsere Gedanken, Gefühle, Worte und Taten, geben wir als Schwingung nach außen, und die Welt spiegelt unser Inneres, unser Bewusstsein wider. Nur im Spiegel der Welt erkennen wir, wer wir sind und wie wir uns verhalten. Was nützt es also, den Spiegel zu schminken und den Nachbarn, den Chef, den Partner, die Kirche oder die Politiker ändern zu wollen, ohne bei sich selbst zu beginnen?

Andrea: »Ich war richtig sauer auf Ulrich. Er hatte irgendetwas gesagt, und ich sprang sofort darauf an. Ohne es zu wissen, hatte er eine alte Wunde berührt, und das tat sehr weh. Ich musste erst mal raus an die frische Luft. Ich dachte an den Täter Ulrich, und während ich verstimmt über eine Wiese wanderte, hörte ich hinter mir ein Schnauben: ein Stier! Nun bin ich mit Kühen aufgewachsen, und Kühe, Stiere und Ochsen machen mir keine Angst, wir kommen gut miteinander aus. Doch das war neu. Ich rannte auf die nächste Hütte zu und versteckte mich. Der Stier kam um die Ecke, und ich lief quer über die Wiese – er hinterher. Ich rutschte unter dem Zaun hindurch. Wir beide verschnauften kurz und guckten uns an. Er stand in seinem Resonanzraum und ich in meinem, säuberlich durch einen Elektrozaun von ihm getrennt. Alles hat einen Sinn. Ich wurde gewahr, wie ich mit meiner aggressiven Stimmung diese Situation angezogen hatte, denn Gleiches zieht Gleiches an. Wie ein Radio hatte ich mich auf die Frequenz ›Ich bin wütend, geh mir aus dem Weg!‹ eingestellt und genau dieses Programm empfangen.«

Ihre Ho'oponopono-Meditation

Es tut mir leid, dass ich so sauer war. Ich bitte alle um Vergebung, die ich mit meinem Zorn erschreckt und denen ich Angst gemacht habe. Ich verzeihe mir das jetzt und ich verzeihe allen Menschen, die mich schon einmal wütend gemacht haben. Der Zorn war schon vorher in mir.
Ich bitte alle Menschen um Vergebung, die ich schon einmal wütend gemacht und damit in gefährliche Situationen gebracht habe. Ich umarme jetzt den wütenden Teil in mir, denn ich liebe ihn. Er hat eine enorme Kraft, die ich für konstruktive Angelegenheiten nutzen kann. Ich danke für die Erkenntnis. Ich danke den Engeln, die mich und andere beschützen. Danke für die Heilung und danke für das Wunder.

Resonanzraum Arbeitsplatz

Als Angelika zum Seminar kam, hatte sie richtig Ärger in der Arbeit. Der psychische Druck war so groß, dass sie seit fünf Wochen krankgeschrieben war und ihr noch eine Woche blieb. Zwischen Angelika und einer Kollegin kam es regelmäßig zum Streit, oder besser gesagt es herrschte ständig dicke Luft. Nach ihrer Aussage rastete die Kollegin bei jeder Kleinigkeit aus und schrie Angelika an. Sie hatte Angst, zur Arbeit zu gehen, und bekam keine Luft, wenn sie das Büro betrat. Sie hatte psychosomatische Beschwerden, einige Allergien und einen Tinnitus.

Sie kam Samstagmorgen zu uns in den Kurs und ging in die Tiefe. Zwei Tage lang grub sie in ihrem Herzen und kehrte alles um. Am Sonntagnachmittag hatte sich ihr Tinnitus verabschiedet, und sie aß, ohne einen Gedanken an ihre zahlreichen Lebensmittelunverträglichkeiten zu verschwenden. Angelika pflügte weiter und berichtete uns später Folgendes: »Ich kam nach Hause und machte ein Ho'oponopono nach dem anderen. Ich habe geschrieben und geschrieben, denn ich wusste, ich hatte nur eine Woche Zeit. Es war mir ernst. Es war meine Chance – ich hatte noch eine Woche frei. Ich brachte meine Hilflosigkeit, meinen Zorn, meine Angst, alle Befürchtungen, all meine Vorwürfe mir selbst gegenüber, meinen Eltern gegenüber, meinem geschiedenen Mann gegenüber und der Welt gegenüber zu Papier. Ich suchte, was mich mit meiner Kollegin verband, wann ich mich so verhalten hatte, und alle Gründe, warum ich sie hasste. Ich schrieb mir alles von der Seele. Dann vergab ich ihr und mir. Ich war heute nicht mehr die Person, die ich gestern war.

Dieser Angelika von früher vergab ich jetzt. Ich befreite mich und liebte diese alte und diese neue Angelika. Ich dankte für meine neue Geburt und ich dankte für das Wunder.

Am Montag betrat ich dann gelassen das Büro. Ich hatte mich ausgeweint und alles aufgeschrieben. Da war nichts mehr außer Ruhe, Frieden und tiefes Mitgefühl. Ich hatte mir und allen vergeben. Ich war mit meiner Kollegin im Reinen, und wenn sie noch immer hacken wollte, dann war es ihr Problem. Ich ging nicht mehr in Resonanz. Wir begrüßten uns und sie machte mir sogar ein Kompliment. Wir unterhielten uns das erste Mal seit Monaten. So verging der Tag und auch die nächsten beiden Tage.

In meiner Abwesenheit war ein Termin für Donnerstag festgesetzt worden. Wir drei von der Abteilung sollten zur Besprechung am Nachmittag zum Stationsleiter. Als ich aus der Pause zurückkam, herrschte Aufruhr im Büro. Meine Kollegin hatte auf den Schreibtischen spioniert und bei unserem Kollegen einen Zettel gefunden, auf dem dieser Notizen zur Vorbereitung für das gemeinsame Gespräch gemacht hatte. Ihre ganze Aggression und Frustration richtete sich jetzt gegen ihn: Sie tobte, und einige Tage später bat sie um Versetzung in eine andere Abteilung.«

Wir machen häufig die Erfahrung, dass sich Konflikte auf recht unerwartete Art und Weise lösen. Mit Gott ist alles möglich! Dr. Joseph Murphy bemerkte in den 1960er-Jahren in einem Vortrag über die Macht des Unterbewusstseins: »Wenn Gott für mich ist, bin ich in der Überzahl.«

Durch Vergebung geschehen viele Wunder – beispielsweise wenn Menschen nach vielen Jahren des Grolls aufeinander zugehen und scherzen, wenn wir plötzlich eine Erkenntnis haben, die unser Leben auf eine wundersame Weise bereichert, wenn wir sehen, warum wir nicht vorwärtskamen und jetzt die Kraft haben, das zu ändern.
Die kleinen, ganz persönlichen Wunder geschehen im Leben dann, wenn wir unsere Blickrichtung ändern, statt in einer Situation eine Bedrohung zu sehen. Selbst ein Feind kann uns geschickt worden sein, um uns zu helfen.

Ho'oponopono in der Gruppe – einer für alle, alle für einen

Nicki beklagte sich, dass die Kinder in der Wohnung über ihr schrien, trampelten und hüpften. Mehrfach sei sie nach oben gegangen und habe mit der Familie gesprochen, doch ohne Erfolg. Es schien, als wären »die da oben« taub für Nickis Bedürfnisse. Wir verbanden uns in der Gruppe mit unserem Höheren Selbst und dankten für die Hilfe, den Konflikt in diesem Ho'oponopono lösen zu können. Dann stellten wir uns folgende Frage: »Wenn ich mich so wie die Kinder verhalten würde – warum würde ich das tun?«
Nebenbei bemerkt: Sie können hier und jetzt an dieser Runde teilnehmen, um eigene destruktive Persönlichkeitsanteile und Wunden aufzudecken und um ins Mitgefühl zu gehen. Wenn Sie also Ärger mit dem Nachbarn haben, machen Sie gleich mit. Bitte finden Sie mindestens fünf für Sie passende Antworten.
Ich würde mich wie .... verhalten, wenn ich ....

Als Nächstes fragten wir uns: »Wenn ich Nicki wäre, warum hätte ich diese Situation in mein Leben gezogen?« Bitte machen Sie mit und fragen Sie sich in Ihrer eigenen Lage: »Welcher Teil in mir hat mein Problem erschaffen?«

Wir fühlten in unsere Herzen und fragten uns auch, was jeder Einzelne dazu getan hatte, dass Nicki in dieser Situation war. Eine ihrer eigenen Antworten wühlte Nicki auf: »Ich habe diese Situation erschaffen, weil ich selbst nicht auf meine Bedürfnisse höre und erwarte, dass andere mir meine Erwartungen von den Augen ablesen. Irgendwann schreie und trample auch ich.« Sie war tief bewegt und fing sofort an zu weinen. Das war genau ihr Verhalten, und jetzt konnte sie sich heilen. Von Herzen nahm sie den Teil von sich in den Arm, der Schwierigkeiten hatte, ihre Bedürfnisse zu artikulieren. Sie würdigte diesen Teil, der sich zurücknahm und anderen den Vortritt ließ. Sie verzieh sich und den Kindern in der Wohnung über ihr. Sie verzieh den Eltern, die weder ihr eigenes Bedürfnis nach Ruhe noch das Bedürfnis der Kinder nach Entfaltung verstanden. Sie vergab sich selbst, dass sie sich so wenig Gedanken über ihr Leben und ihre Empfindungen machte.

Gemeinsam baten wir all jene um Vergebung, deren Bedürfnisse wir ignoriert hatten. Wir hatten verstanden und zeigten Reue. Nicki fertigte sich eine Liste ihrer Bedürfnisse an und überlegte, was sie für sich tun konnte. Sie schrieb uns, dass völlige Ruhe in der Wohnung über ihr eingekehrt war. Es herrschte Stille, und als sie die Nachbarn im Treppenhaus getroffen hatte, berichteten die Eltern, dass ihre beiden Kinder jetzt jedes ein eigenes Zimmer hätten, ihren eigenen Rückzugsort.

Von der Alm zum Meer

Dass der Mensch unseren Planeten zu zerstören droht, ist eine unübersehbare Tatsache, auch wenn wir uns davor verschließen. Sie betrifft uns alle. Die Luft, das Wasser und die Erde werden verschmutzt, Tiere und Pflanzenarten ausgerottet. Lachend sitzt der Tor auf seinem Ast, an dem er sägt, und überlässt die Verantwortung jenen, die er an bierschwangeren Stammtischen als »die da oben« bezeichnet.

Die Ausrede »Was kann ich schon tun?« ist ein klassischer Denkfehler. Zehn Bauern teilen sich eine Wiese, und jeder treibt sein Vieh auf die Alm. Solange jeder Bauer seine zwanzig Kühe dort weiden lässt – insgesamt sind es nun zweihundert Tiere –, ist auch alles in Ordnung. Eines Tages kommt ein Bauer auf die Idee, eine weitere Kuh auf die Alm zu bringen. Eine Kuh, was macht das schon? Das denkt auch der zweite Bauer und treibt eine weitere Kuh auf die Alm. Ein Dritter macht es nach, aber es ist genau diese Kuh zu viel, und die Alm kann sich nicht mehr regenerieren. Das Gras hat keine Zeit nachzuwachsen, der Boden kann das Wasser nicht mehr speichern, die anderen Tiere des kleinen Ökosystems verschwinden und so weiter. Keine Kuh hat mehr zu fressen. Der letzte Bauer weist jede Schuld von sich, denn es war ja nur eine Kuh mehr: »Und was ist mit den anderen Bauern? Die haben das doch genauso gemacht?« Also sucht man eine neue Wiese und es geht wieder von vorne los.

Das Fazit lautet: Wir sitzen alle in einem Boot, und es geht nur gemeinsam. Apropos Boot: In den Ozeanen schwimmt ein gigantischer Plastikteppich. Mehrere Inseln sind bereits bedeckt, und Millionen von Tieren, also zum Beispiel Seevögel, Krebse, Delfine, verenden qualvoll – eine Tragödie. Im Nordpazifik hat der Teppich bereits die Größe von Mitteleuropa erreicht. Mitteleuropa! Ich stelle mir gerade eine bizarre Reise von Kopenhagen in die Toskana vor, vorbei an Bergen aus alten Turnschuhen, Putzschwämmen, Joghurtbechern und zerfetzten Plastiktüten.

Wie in unserem Beispiel glaubt die Mehrzahl der Menschen: »Ach, was macht schon eine Plastiktüte?«, aber es ist genau diese eine, die zu viel ist. Jede Plastiktüte, an welcher ein Vogel erstickt, ist zu viel. Seit wir den Trailer zu dem Film »Plastic Planet« gesehen haben, haben wir eine Einkaufstasche aus Baumwolle dabei, und im Auto stehen ein Korb und ein Karton für den Einkauf bereit. Wir bitten Sie, diesem Beispiel zu folgen: Benutzen Sie Baumwolltaschen (von denen Sie sicher mehrere haben). Lehnen Sie Plastiktüten konsequent ab. Wenn ich (Ulrich) in den 1960er-Jahren einkaufen ging und keine eigene Tragetasche dabeihatte, haben mich die Verkäuferinnen verdutzt angeschaut und gefragt: »Na Kleiner, hast du keine Tasche dabei? Du hast sie wohl vergessen?« Heute sage ich: »Danke, ich habe eine Tasche dabei.« Lassen Sie uns die Veränderung sein, die wir in der Welt sehen wollen.

Marianne Williamson hat die berühmten Worte gesagt: »Unsere größte Angst ist nicht, unzulänglich zu sein. Unsere größte

Angst ist, grenzenlos mächtig zu sein. Unser Licht, nicht unsere Dunkelheit, ängstigt uns am meisten. Wir fragen uns: Wer bin ich denn, dass ich so brillant sein soll? Aber wer bist du, es *nicht* zu sein? Du bist ein Kind Gottes. Es dient der Welt nicht, wenn du dich klein machst. Sich klein zu machen, nur damit sich andere um dich herum nicht unsicher fühlen, hat nichts Erleuchtetes. Wir wurden geboren, um die Herrlichkeit Gottes, der in uns ist, zu manifestieren. Er ist nicht nur in einigen von uns, er ist in jedem Einzelnen. Und wenn wir unser Licht scheinen lassen, geben wir damit unbewusst anderen die Erlaubnis, es auch zu tun. Wenn wir von unserer eigenen Angst befreit sind, befreit unsere Gegenwart automatisch die anderen.«

Mutter Erde und unsere kosmischen Geschwister haben viel ertragen. Wir möchten Sie in diesem Buch einladen, Ihre Schwingung Schritt für Schritt durch Mitgefühl, Achtsamkeit, Vergebung, Versöhnung und verantwortungsvolles Handeln zu erhöhen. Sie werden alles Gute, Wohlstand, Freude und Gesundheit in Ihr Leben und dasjenige anderer bringen, wenn Sie wachsen. Sie können sich übrigens den Trailer zum Film »Plastic Planet« auf unserer Website (HeileDeinHerz.de) anschauen. Machen Sie dann ein Ho'oponopono, um die Reaktionen der Vergangenheit in Ihrem Leben zu neutralisieren, und suchen Sie gleich eine Baumwolltasche heraus. Wunder werden geschehen, wenn Sie das Wunder zulassen.

Damit es anders wird …

Der Schwache kann nicht verzeihen. Verzeihen ist eine Eigenschaft des Starken.

MAHATMA GANDHI

Die Pogrome der Nationalsozialisten im Dritten Reich gelten allgemein als Beispiel unverzeihlicher Taten. Deshalb unsere Frage an Sie: Gibt es heute immer noch Massenmord und ethnische Säuberungen, werden Länder überfallen, weil es dort etwas zu holen gibt? Geschehen ähnliche Dinge, ohne dass wir uns dessen vielleicht bewusst sind? Sind wir vielleicht daran bewusst oder unbewusst beteiligt?
Jedes Jahr werden mehr als 3000 Tierarten ausgerottet, und täglich sterben mehr als 10 000 Kinder und 25 000 Erwachsene einen qualvollen Hungertod. Auf der anderen Seite werden 50 Prozent der Weltgetreideernte und 90 Prozent der Weltsojaernte für Tierfutter verwendet. Pro Jahr werden allein in

Deutschland rund 56 Millionen Tiere (ohne Geflügel) geschlachtet. Für ein Kilogramm Fleisch braucht man rund 16 Kilogramm Getreide und circa 4000 bis 6000 Liter Wasser. Wir bitten Sie, sich Ihre eigenen Gedanken zu machen bezüglich des Zusammenhangs zwischen der Futterproduktion für zukünftige Schlachttiere, dem Fleischkonsum im Westen und dem Welthunger. Welche Schlüsse ziehen Sie daraus für sich? Kann es eine Lösung sein, ständig Fleisch zu essen und gelegentlich mal etwas Geld für die Hungernden zu spenden? Was sind sinnvolle Lösungen? Und wie können Sie konkret dazu beitragen?

Hören Sie in Ihr Herz und vernehmen Sie in der Stille und in der Ruhe die Antwort. Im Ho'oponopono suchen wir im Herzen nach der Wahrheit. Wir vergeben uns, wir vergeben anderen und bitten um Vergebung. Wir segnen. Jedes Problem in dieser Welt ist ein Beziehungsproblem und gründet in der Abwesenheit von Liebe. Segnen Sie deshalb alle Menschen. Wir bitten die Engel und Boten des Lichts um Beistand, um Karma-Verrechnung und Aura-Reinigung. Dann entscheiden wir uns, anders zu handeln als bisher. Damit es anders wird, muss sich etwas ändern, und damit sich etwas ändert, müssen wir uns ändern.

Die Selbstheilungskräfte aktivieren

Worte sind mächtig – sie können erschaffen und sie können vernichten. Das sagte sich unser Freund Erhard, der an Krebs erkrankt war. Der Befund ist positiv, betonte er immer wieder, wenn es darum ging, ob sich Metastasen gebildet hätten. Ein Krankenhaus nannte Erhard den Ort der Gesundung. Seit zwei Jahren war sein Befund schon positiv. Damals, während der vierten Chemotherapie, hatte er den Arzt gefragt, wie groß der Einfluss seines Denkens und seiner Emotionen auf seine Gesundung sei. Der Arzt antwortete ihm: »Enorm! Dreißig Prozent bewirkt die Chemotherapie, aber siebzig Prozent machen Sie.« »Gut«, sagte Erhard, »dann übernehme ich für die restlichen dreißig Prozent auch noch die Verantwortung.« Ruhig und entschlossen zog er sich die Kanüle aus der Brust. Erhard verließ das Gewohnte und lebte ein halbes Jahr lang ohne Strom, ohne Telefon und Fernsehen in einer einsamen Hütte. Dort meditierte er viele Stunden täglich über Vergebung, Selbstliebe,

Dankbarkeit und Heilung. Der nächste Befund war dann wirklich positiv für ihn.

Wir wissen um den Einfluss unserer Gedanken und Gefühle, um den Einfluss unserer Psyche auf den Körper. Bei Menschen, die zum Beispiel an Schizophrenie leiden, konnten während einer Psychose Allergien diagnostiziert werden. Je nachdem, welcher Persönlichkeitsanteil gerade im Vordergrund agierte, konnte eine allergische Reaktion von einer Sekunde auf die andere auftreten und wieder verschwinden. Es gibt Berichte über Organtransplantationen, in welchen die Empfänger von bisher unbekannten Gefühlen sprechen, und sie vermuten, in den Organen gespeicherte Emotionen der Spender zu fühlen. Sicher trifft dies zu, denn die Medizin hat gehirnähnliche Speicherzellen bereits im Herzen und in den Darmschleimhäuten gefunden.

Unser Denken beeinflusst unsere körperliche Verfassung und umgekehrt. An der Stanford University machte man dazu einen ganz einfachen Versuch: Die Probanden zweier Testgruppen bekamen ein schönes Stück Torte zu essen. Der einen Gruppe sagte man, die Torte sei besonders lecker, aber wegen der vielen Sahne »eigentlich« ungesund. Die andere Gruppe erhielt keine weiteren Informationen. Wie erwartet wurde bei der ersten Gruppe eine Schwächung der Immunsystemwerte gemessen. Die zweite Gruppe zeigte keine Veränderung, und man folgerte daraus, dass das schlechte Gewissen der Probanden die Ursache für das Ergebnis sei. Eine Torte, statt mit Placebo- mit Nocebo-Effekt (lateinisch nocere = schaden).

Was unsere Emotionen mit uns machen

Die amerikanische Wissenschaftlerin Dr. Candace Pert wies nach, wie unsere Emotionen in langkettigen Eiweißmolekülen, in Neuropeptiden, kodiert werden und über das Blut jede Zelle unseres Körpers erreichen. Jede Emotion entspricht damit einer chemischen Information. Der Geist wird zum Stoff. Wenn Sie zum Beispiel an Hoffnungslosigkeit denken, bildet Ihr Körper Neuropeptide, die mit der Information Hoffnungslosigkeit kodiert sind, und Ihr Körper wird etwas energielos. Sie können sich als kleinen Test vor einen Spiegel stellen und an Depression denken. Spüren Sie die Depression in Ihrem ganzen Körper und beobachten Sie genau Ihre Körperhaltung. Gehen Sie so mit anderen Gefühlen auf Entdeckungsreise. Spüren Sie einfach mal in sich hinein und benutzen Sie Ihren inneren Kompass.

Nach Ansicht der alten Hawaiianer ist jede Krankheit das Symptom einer energetischen Störung. Hat jemand ein Unrecht begangen, so führt das beim Opfer und beim Täter zu einer geistigen Verspannung. Überall dort, wo man verkrampft ist, kann die Energie nicht fließen, und der Energiestau führt zu Krankheit oder Verlust.

Selbst wenn man das Unrecht gar nicht kennt, kann man sich zu einem Ho'oponopono treffen und die Angelegenheit bereinigen. Durch das Ho'oponopono wird das Unrecht wieder zurechtgerückt, und damit werden alle energetischen Blockaden gelöst. Nichts muss mehr gehalten werden. Frieden, Glück und Vertrauen sind zurückgekehrt. Es gibt keinen Ärger und keine Sorgen mehr, die bedrücken. Die Vergebung hat das Wunder bewirkt.

Unserer Student Andreas schrieb uns: »Vor etwa vierzehn Tagen hatten sich nacheinander viele alte Wehwehchen in verschiedenen Körperbereichen gezeigt, unter anderem auch eine heftige Migräne, die ich wohl schon seit über zwanzig Jahren nicht mehr hatte. Mir war so übel, dass ich mich kaum hinlegen konnte. Ich habe dann Ho'oponopono gemacht und vor allem viel mit meinem inneren Kind geredet. Dabei bin ich in eine ganz wunderbare friedliche Stimmung hineingekommen und habe tiefe Liebe zu meinem inneren Kind und zu mir gefühlt. Die Schmerzen und die Übelkeit haben sich einfach aufgelöst.«

Jede psychosomatische Krankheit ist ein Hinweis, dass etwas im Energiesystem aus dem Gleichgewicht geraten ist – zu viel Arbeit, zu viel Stress, zu viele Informationen, zu viel Essen und zu wenig Bewegung, zu wenig frische Luft, zu wenig Zuwendung usw. Das System ist überbelastet, und der Körper meldet sich mit Hinweisen, dass wir uns von unserem Ziel entfernen. Um wieder in den inneren Frieden zu kommen und die Selbstheilungskräfte zu aktivieren, empfiehlt die amerikanische Bestseller-Autorin und Pionierin auf dem Gebiet Hilfe zur Selbsthilfe Louise Hay Selbstliebe und Vergebung. Nur wenn wir uns selbst vergeben und uns selbst lieben, signalisieren wir dem Körper, dass er erwünscht ist.

Eine wichtige Rolle spielt dabei unser inneres Kind. Wir müssen unser inneres Kind überzeugen, dass wir eine Heilung überhaupt wünschen. Viele Menschen wollen gesund werden, entscheiden sich aber nicht für die Heilung.

Pflegen Sie nicht nur den Körper, sondern auch den Geist

Jedes Trauma muss erlöst werden, um nicht selbst noch nach Jahren als Krankheit auszubrechen. Das schamanistische und das traditionelle Ho'oponopono (Seite 58 und 63) wollen ein begangenes Unrecht berichtigen und dadurch die Energie wieder zum Fließen bringen. Die alte Information lautete »Unrecht, Schuld und Bestrafung«, und die daraus resultierende Energie wirkte zerstörerisch auf den Körper. Die neue Information lautet »Vergebung, Versöhnung und Liebe«, und diese neue Information aktiviert als konstruktive Schwingung die Selbstheilungskräfte und den inneren Arzt. Gedanken sind Energie, und es gehört zur einfachen Gedankenhygiene, nur Gutes zu denken. Wenn wir über jemanden schlecht denken, verschmutzen wir uns und unsere Umwelt, wir schwächen unser Immunsystem und verlieren allgemein an Kraft, Hoffnung und Glauben. Genauso wie wir morgens duschen, die Zähne putzen usw., so reinigen und pflegen wir unseren Geist, indem wir zum Beispiel regelmäßig abends vergeben.

Es ist wichtig, den Geist, unser Bewusstsein, feinstofflich von allen mentalen und emotionalen Schlacken und Toxinen zu reinigen. Destruktive Gedanken wie Kritik, Schuldzuweisung, Jammern, Klagen oder Nicht-Vergeben führen zu persönlichen und beruflichen Misserfolgen, belasteten Beziehungen, Streit, Schulden, Verlust und Krankheit. Destruktiv zu denken, ist genauso, als würden Sie jeden Abend hinausgehen und etwas Sand in den Motor Ihres Wagens streuen. Das würde niemand tun. Und doch handeln wir genauso, wenn wir unseren Motor, das Unterbewusstsein, mit negativen Daten füttern. Wie lange geht das gut, bis der Zusammenbruch kommt? Bitte pflegen Sie sich äußerlich und innerlich.

Ihre Ho'oponopono-Übung

Beantworten Sie folgende Fragen, indem Sie sich an einen ruhigen Ort zurückziehen und in sich gehen. Hören Sie einfach auf Ihr Herz.

Welche Bedürfnisse haben Sie in letzter Zeit vernachlässigt?

Was ist in dieser Hinsicht bereits gut oder sehr gut? Was sind Sie bereit zu verbessern?

Welche Schritte können Sie unternehmen und wie können Sie am Ball bleiben?

Machen Sie ein Ho'oponopono. Entschuldigen Sie sich bei Ihrem Inneren Kind und überzeugen Sie es von Ihrer neuen Strategie zu Glück, Freude, Spaß und Gesundheit. Bitten Sie um seine Unterstützung.

Das Ziel von Ho'oponopono

Das Ziel von Ho'oponopono ist innerer Frieden und Harmonie mit sich selbst, mit den Menschen, mit der Natur und mit der Urquelle, Gott – Ke Akua oi'a'io. Aus dieser heiteren Stimmung heraus entwickeln sich Glück, Freude, Wohlstand und vieles mehr, denn für alle Bedürfnisse ist in dieser Welt gesorgt. Gutes erzeugt Gutes. Um an das Ziel unserer Reise zu gelangen, reicht uns eine kleine Inselgruppe im Pazifik, im Meer des Friedens, die Hand und ruft »Aloha«. Sie, liebe Leserinnen und liebe Leser, ja wir alle sind eingeladen zu einem Ho'oponopono, einem Ritual der Liebe, der Vergebung, der Dankbarkeit und der Versöhnung, um uns selbst der Welt zurückzugeben.

Die Welt ändert sich in dem Maße, in dem wir uns ändern. Diese großartige Möglichkeit macht jeden von uns zu einem Geschichtsschreiber. Sie, wir alle, jeder kann sich ändern – doch dass sich andere ändern, können wir nicht erwarten. Wir können hoffen, beten und jene, die sich selbst und andere aus Unwissenheit zerstören, mit Liebe segnen. Wir wollen im

Ho'oponopono niemanden ändern. Wir behaupten, dass jeder von uns erst einmal genug mit sich selbst zu tun hat.
Bewusstwerdung, gute Beziehungen und gemeinsam zu wachsen – darum geht es im Ho'oponopono. Wir wollen die Dinge wieder zurechtrücken, so die Bedeutung des Wortes, und damit Sie Ho'oponopono und sich selbst noch besser verstehen können, schauen Sie auf unserer Website HeileDeinHerz.de den kurzen Film über Nick Vujicic an. Nick Vujicic kam ohne Arme und ohne Beine auf die Welt. Die Frage, die Nick sich stellte, lautete nicht: »Was kann das Leben mir bieten«, denn er wusste, er würde nie eine Partnerschaft führen können wie andere – ohne Arme und Beine würde er nie das Leben führen können, das andere Menschen führen. Deshalb fragte er sich: »Was kann ich dem Leben geben?« Nick reist unter anderem durch Schulen und motiviert Schülerinnen und Schüler, nie aufzugeben, wie schwer die momentane Situation auch sei. Nick Vujicic ist ein großartiger Lehrer, ein Vorbild und Meister der Vergebung. Die große Frage des Lebens lautet nicht: Was kann ich vom Leben erwarten? Nein, die Fragen lauten: Wer bin ich, und was kann das Leben von mir erwarten? Was kann ich dem Leben geben?
Es gibt vieles, was Sie der Welt geben können, denn Sie sind ein einzigartiger Mensch mit einzigartigen Fähigkeiten und Talenten. Niemand ist so wie Sie. Ihre spirituelle Identität ist vollkommen und einzigartig. Unser Ego vergleicht gerne und möchte uns zu Kopien anderer machen – »Ach, wäre ich doch nur so schlau, so schnell, so reich, so schön wie ..., dann, ja dann

hätte, wäre, könnte ich ...« Vergessen Sie das alles: Sie sind einzigartig, und das hat einen Grund. Das Leben und Gott möchten sich durch Sie selbst manifestieren und erfahren.
Heilen Sie Ihre Beziehungen und werden Sie ein Heiler, eine Heilerin, indem Sie die Heilung in sich selbst annehmen. Werden Sie das Wunder, weil Sie das Wunder in sich selbst annehmen.

Ihre Ho'oponopono-Bonus-Übung

Das ist Ihre letzte Ho'oponopono-Übung in diesem Buch, und es gibt vielleicht keine wichtigere. Stellen Sie sich die folgenden Fragen und finden Sie heraus, wer Sie sind:
Was will ich fühlen?
Welche Bedürfnisse habe ich?
Welche Talente habe ich?
Welche Beziehungen möchte ich zu den Menschen, der Natur und zu Gott erleben, spüren und genießen?
Machen Sie ein Ho'oponopono zu allen Sabotageprogrammen, die Sie sich selbst in den Weg gelegt haben.
Nachdem Sie wissen, wer Sie sind, handeln Sie entsprechend, belohnen Sie sich und verleihen Sie der Größe, der Schönheit, dem Glanz, der Fähigkeit, Hilfe zu geben, zuzuhören, Zuwendung und Aufmerksamkeit zu schenken, und allem Guten, was in Ihnen ist, Ausdruck.
Wir wünschen Ihnen viel Freude und segnen Sie, Aloha.

Epilog

Einst fragte die mächtige Sonne:
»Wer wird leuchten, wenn ich nicht da bin?«
Da riefen tausende Stimmen: Ich, ich, ich, und ein Meer des Lichts ergoss sich über die ganze Erde. Zwei Dinge können nicht zur selben Zeit denselben Raum einnehmen, und so hatten die Menschen ihre Schalen umgedreht. Alle Steine wie Angst, Zweifel, Minderwertigkeit und Kritik, die ihr inneres Licht verdrängt hatten, waren herausgefallen, und die Flamme von Aloha brannte wieder sanft und selbstbewusst in der Abendsonne. »Sehr gut«, sprach Vater Sonne zu den Menschen, »jetzt kann ich gehen und morgen komme ich wieder.«

Anhang

Gebete frei nach Morrnah Nalamaku Simeona

Aloha,
Göttlicher Schöpfer, Vater, Mutter und Kind in einem und als Ganzes.
Ich bitte hiermit in diesem Ho'oponopono demütig um Vergebung, dass ich oder meine Familie, meine Verwandten oder meine Vorfahren jemanden oder dessen Familie, dessen Verwandte oder dessen Vorfahren in Worten, Verhalten oder Taten vom Anbeginn der Schöpfung bis zum heutigen Tage beleidigt, verletzt oder in unwürdiger Weise behandelt haben.
Bitte vergib mir.

Lass dieses Gebet Reinigung und Auflösung sein von allen unerwünschten schlechten Gefühlen, negativen Erinnerungen, Daten, Blockaden, Mustern, negativen Energien und Vibrationen, die uns aneinander binden und uns verbinden.
Bitte lösche alle unerwünschten Erinnerungen, Daten und alle Widerstände.
Verwandle all diese unerwünschten Energien in reines Licht und fülle alle entstandenen Leerräume mit Göttlichem Licht.
Lass die Göttliche Harmonie, Licht, Liebe, Freude und Weisheit wieder entstehen durch die Göttliche Kraft, den Vater, die Mutter und den Sohn in einem.
So ist es und so soll es sein, heute und für immer.
Danke, danke, danke. Amama

Ein Gebet, das dem heiligen Franziskus zugeschrieben wird

Herr, mach mich zu einem Werkzeug deines Friedens,
dass ich Liebe übe, wo man hasst;
dass ich verzeihe, wo man beleidigt;
dass ich verbinde, wo Streit ist;
dass ich die Wahrheit sage, wo der Irrtum herrscht;
dass ich den Glauben bringe, wo der Zweifel drückt;
dass ich die Hoffnung wecke, wo Verzweiflung quält;
dass ich Licht entzünde, wo die Finsternis regiert;
dass ich Freude bringe, wo der Kummer wohnt.
Herr, lass mich trachten:
nicht, dass ich getröstet werde, sondern dass ich tröste;
nicht, dass ich verstanden werde, sondern dass ich verstehe;

nicht, dass ich geliebt werde, sondern dass ich liebe.
Denn wer da hingibt, der empfängt;
wer sich selbst vergisst, der findet;
wer verzeiht, dem wird verziehen,
und wer stirbt, der erwacht zum ewigen Leben. Amen.

Gebete nach Dr. Diethard Stelzl

I

Geliebtes Hohes Selbst, ich danke dir dafür, dass du mich immer so führst, dass ich in jedem Moment und in jeder Hinsicht in meinen Gedanken, Gefühlen, Worten und Taten unseren gemeinsamen kosmischen Plan auf optimale Art und Weise erfülle.

II

Ich liebe dich, Urquelle allen Seins, und danke dir von ganzem Herzen für mein Leben. Ich liebe die Welt, ich liebe die Erde, ich liebe die Menschen, ich liebe die Natur, ich liebe alles Sein. Ich liebe mich. Ich liebe mich, so wie ich bin. Mit allen meinen Schwächen und allen meinen Stärken nehme ich mich an, so wie Gott mich annimmt. Ich liebe mich. Ich bin es wert, geliebt zu werden. Von anderen, aber vor allem von mir selbst, denn nur aus der Liebe zu mir kommt die Liebe zu dir und zu allem Sein im Universum.

Worterklärungen

Aka – Seil, Netz, Geschmack

Akua – Gott, Göttin, ein übernatürliches Wesen

Aloha – Liebe, Respekt, Mitgefühl

Amama – Amen, so sei es

Aumakua – Ahnen, Götter der Ahnen, das Höhere Selbst, Botschafter Gottes

Ha – das Leben, vier

Haku – eine Art Mediator, Begleiter im Ho'oponopono

Hala – Fehler, Missetat, Übertretung, Irrtum

Hihia – Verstrickung, Netz

Ho'o – verursachen, machen

Ho'omalu – Auszeit, Zeit des Schweigens, Frieden, Schutz

Ho'omauhala – nicht vergeben können

Ho'oponopono – die Dinge wieder richtigmachen

Ike – Bewusstsein, Betrachtung

Kahuna – Priester, jemand, der spezielles Wissen besitzt, ein Fachmann von Huna

Kala – loslassen, freilassen, losbinden

Kalana – Freiheit

Kanaka Makua – eine reife Persönlichkeit

Kane – Mensch

Ke Akua oi'a'io – Gott, wie er ist, die Absolute Wahrheit

Kukulu kumuhana – zielgerichtete gute Wünsche für eine Person durch die ganze Gruppe

Lei – Kreis

Mahiki – schälen, diskutieren, das sanfte Austreiben der schlechten Geister

Makia – Aufmerksamkeit

Makua – Eltern, Ahnen

Mana – Energie

Mihi – das wechselseitige Verzeihen, Entschuldigung

Ohana – Familie oder eine familienartige Gruppe

oi'a'io – die Absolute Wahrheit, der Geist der Wahrheit

Oki – das endgültige Loslassen der Konflikte, ein Nicht-mehr-Beachten

Pani – wörtl. rühren, Zusammenfassung, gemeinsamer Imbiss

Piha pono wai wai – Gesetz der Fülle

Pilikia – Stress, Problem, Tragödie, Drama

Pono – richtig, flexibel

Pule – Gebet, Verbindung zu Beginn und Ende eines Ho'oponopono

Uhane – das Mittlere Selbst, das Wachbewusstsein

Unihipili – das Untere Selbst, das innere Kind, das Unterbewusstsein

Quellen

Abraham H. Maslow: Motivation und Persönlichkeit, Reinbek 1981.
Anthony Robbins: Das Power-Prinzip, Berlin 2004.

Bärbel und Manfred Mohr: Cosmic Ordering – die neue Dimension der Reakitätsgestaltung aus dem alten hawaiianischen Ho'oponopono, Burgrain 2008.
Bhagavad-gita, der Gesang Gottes in der Übersetzung von Bhaktivedanta Swami Prabhupada, Hamburg 2003.
Bhagavad-gita, der Gesang Gottes in der Übersetzung von Robert Boxberger, Leipzig 2003.
Bill Ferguson: Mastery of Life, Houston 2003.

Chuck Spezzano: 100 Geheimnisse der Liebe, München 2002.
Chuck Spezzano: Die Karten der Heilung, Krummwisch 2004.
Colin C. Tipping: Ich vergebe, Bielefeld 2004.
Corvey, Stephen: Die sieben Wege zur Effektivität, Offenbach 2005.

Dan Millman: Die Rückkehr des friedvollen Kriegers, München 2009.
Dr. Diethard Stelzl: Der Lichtkörperprozess, Darmstadt 2004.
Dr. Diethard Stelzl: Ho'oponopono, Darmstadt 2011.
Dr. Diethard Stelzl: Huna-Einführung, Darmstadt 2010.
Dr. Joseph Murphy: Das Erfolgsbuch, Berin 2008.
Dr. Joe Vitale und Dr. Ihaleakala Hew Len: Zero Limits, Weinheim 2012.
Dr. Richard Bartlett: Matrix Energetics, Kirchzarten 2010.
Dr. Wayne Dyer: Shift, Berlin 2012.

Eckart Tolle: Neue Erde, München 2005.
Esther und Jerry Hicks: The Law of Attraction, Berlin 2009.

Gay und Kathlyn Hendricks: Liebe macht stark, München 1999.
Geshe Michael Roach: Die Weisheit des Diamanten, Hamburg 2011.

Hans-Heinrich Rhyner: Ayurveda – das Praxishandbuch, Krummwisch 2004.
Henry Krotoschin: Huna-Praxis, Darmstadt 2012.
Hermann Hesse: Siddhartha, Frankfurt 1974.

James Allen: Heile deine Gedanken, Bielefeld 2010.
Joachim Ickrath: Schakal und Tiger, Brücken 2009.
Jutta Mattausch: Ayurveda – Die sieben Energietypen, Oberstdorf 2011.

Laotse: Tao Te King (Laozi, Daodejing)
Louise Hay: Gesundheit für Körper und Seele, Berlin 2004.

Manitonquat: Rückkehr zur Schöpfung, Extertal 1999.
Marshall Rosenberg: Gewaltfreie Kommunikation, Paderborn 2001
Masaru Emoto: Die Botschaft des Wassers, Burgrain 2002.

Patanjali: Das Yogasutra in der Übersetzung von R. Sriram, Bielefeld 2009.

Rolf Dobelli: Die Kunst des klaren Denkens, München 2012.

Die Autoren

Ulrich Emil Duprée, Jahrgang 1962, ist spiritueller Forscher mit Studium in christlicher und fernöstlicher Philosophie, Architektur, Yoga und Metaphysik. Er lebte unter anderem in einem Hindu-Kloster. Seit einer mystischen Einweihung durch einen Kahuna lehrt er Hoʻoponopono und gründete zusammen mit Andrea Bruchacova das Hoʻoponopono-Lehrzentrum in Deutschland.

Andrea Bruchacova, Jahrgang 1965, ist Dipl. Sportwissenschaftlerin, Dipl. Physiotherapeutin, Yoga-, Ayurveda- und Hoʻoponopono-Lehrerin. Seit zwanzig Jahren erforscht sie antike Sanskrit-Texte in den Bereichen Ayurveda, Vastu und Yoga-Psychologie um dieses Wissen über die Kunst des Lebens den Menschen wieder zugänglich zu machen.

Dank

Ich bin der Urquelle allen Seins dankbar, welche mich in jenen schwierigen Zeiten, da ich Angst vor dem Sterben hatte, so führte, dass ich begann die Geheimnisse des Lebens zu entschlüsseln.
Ich bin dankbar für die göttliche Führung bei allen meinen Entscheidungen.
Ich bin für mein Erinnerungsvermögen dankbar, das Gehörte und Gelesene für mich zu verstehen.
Ich bin dankbar, dass mir immer die richtigen Lehrer zur richtigen Zeit geschickt wurden.
Ich bin dankbar für die göttliche Kraft der Entschlossenheit, das Gelernte auszuprobieren zu wollen, damit ich eigene Schlussfolgerungen ziehen kann.
Ich bin dankbar für die göttliche Unterstützung, den Mut zu haben mein Wissen mit anderen zu teilen.

ANDREA BRUCHACOVA

Ich verneige mich und danke Ke Akua Oi'A'iO, all meinen meinen geistigen Lehrern, Mary Kawena Pukui, Morrnah Nalamaku Simeonah, Haleaka Iolani Pule, Dr. Diethard Stelzl, Manfred Mohr, allen Seminarteilnehmern und Lesern, sowie dem Lektoren-Team, Lena und vielen vielen anderen.

ULRICH DUPRÉE